ENGINEER

技術者のための

伝わる!

プレゼンテーション
実践術

ロジック・主張を成果につなげる100のポイント

ジャパン・リサーチ・ラボ代表
奥村治樹
Haruki Okumura

PRESENTATION

日本能率協会マネジメントセンター

はじめに

　本書『技術者のための伝わる！プレゼンテーション実践術−ロジック・主張を成果につなげる100のポイント−』を手に取ってくださった読者のみなさまは、当然のことながら何らかの形でプレゼンテーションに関わっている方々かと思います。

　お仕事の中で、プレゼンターはもちろん、聴講者（聞き手）としても、指導者としても、様々なかたちでプレゼンテーションとは切っても切れない関係にあるのではないでしょうか。特に技術者の方にとっては、プレゼンテーションは極めて身近で、必須の存在です。しかし、同時にプレゼンテーションに対して、不安や悩み、課題を抱えていらっしゃる。だからこそ、本書を手に取られたのではないかと推察します。

　技術者に限ったことではありませんが、社会人にとってプレゼンテーションは必須のものであり、プレゼンテーション次第で努力が報われるかどうか、成果とすることができるかどうかが決まると言える、とても重要なものなのです。

　しかし、それほど重要なものであるにもかかわらず、社会人になってから腰を据えてしっかりとプレゼンテーションを学ぶ機会もなければ、大学をはじめ学校教育の場でもそうした教育は行われていないように思います。筆者自身、大学でも講義を持っていますが、カリキュラムを見てもそのような講義は見当たりません。サラリーマン時代を振り返っても、コンサルティング先を見ても、人事研修等でしっかりとプレゼンテーション教育を取り入れているケースは皆無といっても過言ではありません。とても不思議です。

　そのため、「オリジナリティー溢れる」プレゼンテーションが生み出され、同じ組織の中でも百花繚乱状態ということもあります。もちろん、組織としてのプレゼンテーションの（暗黙の）ルールがあったり、先輩の見様見真似や上司の指導の下に統一されているケースもあります。

　しかし、「そのルールや指導が果たして適切か」という重要な問題はほとんど考えられていません。気をつけねばならないのは、「ルールを決めた人も指導する方も、オリジナリティーに溢れ、誰かの見様見真似でしかなく、

本質を理解していないかもしれない」ということです。そうなると、金太郎飴のように恥ずかしいプレゼンテーションが量産され、かつ、受け継がれていくことになります。

　そんなこともあってか、巷にはプレゼンテーションをテーマにしたセミナーや書籍が数多く存在します。先程、「プレゼンテーションを学ぶ機会もない」と書いたことと矛盾するではないかと思われる方もいらっしゃるかもしれませんが、残念なことに、その中の相当数が、「見栄え」についての内容に偏っていると筆者は感じています。「見栄え」や「見た目」が決して不要だとは言いませんが、その前に重要なのは「中身」だということです。

　ところが、アニメーションなど凝ったスライドを作っているにもかかわらず内容がなく、「そんなことをしている暇があったらちゃんと仕事をしなさい」と言いたくなるものも残念ながら散見されるのが実情です。プレゼンテーションは努力のアウトプットであり、成果を示すものです。中身が伴わないということは、「見た目で誤魔化しているに等しい」とも言えます。そんなものを「プレゼンテーション」と呼んでよいのでしょうか。特に技術プレゼンテーションはそんなものではないはずです。

　本書でも、スライドデザイン等に関して言及していますが、それはあくまでも「内容ありき」を大前提として、それを分かりやすく、伝わりやすくする付帯的なものとしてです。

　したがって、本書は、「プレゼンテーションとは何か」「その役割は何か」という根本を再定義し、それに基づいて、内容、構成、ストーリーをいかにして構築するかをメインテーマとしています。そして、それらの表現としてのスライド、さらには、プレゼンテーションの準備を活かすためのプレゼンテーション本番での話し方、質疑対応と言ったパフォーマンスをどのように実現するかを解説していきます。

　このように、本書は従来のプレゼンテーションの解説とは少々趣きの異なるものとなっています。それは、自身のプレゼンターとしての経験はもちろん、聴講者としての経験や、指導者としての経験を踏まえて、技術者目線を加えながら本当に必要かつ重要なものを中心にまとめた結果にほかなりませ

ん。

　そのため、どこかの教科書の受け売りのような原理原則一辺倒ではなく、実際のプレゼンテーションを踏まえた実践的内容になっています。

　技術者は、理論（考え方）がわかればアウトプットは創造できるものです。そして、千差万別のプレゼンテーションに万能のテンプレートはありません。安易に答えを探すのではなく、答えを創造する、生み出す方法を修得していただくのが本書の目指すところです。

第 I 部　理論編

第 1 章　技術プレゼンテーションとは何か

第 2 章　技術プレゼンテーションに必要なこと

第 3 章　技術プレゼンを成功させる事前準備

第 4 章　技術を伝えるためのキーポイント

第 **5** 章
技術・論理が伝わる
構成と伝え方のテクニック

第 **6** 章
技術・論理が伝わるスライドテクニック

第 7 章　不安と緊張の克服

第 **8** 章　技術プレゼンに必要なコミュニケーション

第 **9** 章　技術者の論理と想いを伝える話し方・パフォーマンス

第10章 技術ディスカッションとしての質疑対応

第II部 ケース編

第11章 ケーススタディ① ストーリー構成

第12章 ケーススタディ② 質疑

第Ⅰ部　理論編　▶

技術プレゼンテーションとは何か

001 プレゼンテーションの定義

▶ プレゼンテーションとは？

「プレゼンテーションとは何か」と問われれば、多くの方はパワーポイントなどを使用してスライドをスクリーンに投影し、その前でプレゼンターが口頭で説明することをイメージするでしょう。一般的には、「計画・企画案・結果などを会議等で説明すること」と説明されたり、「考えや意見を他者が分かりやすく目に見える形で示し伝えること」というような説明がされたりしています。

確かに狭い意味では、プレゼンテーションとはこのようなものであると捉えることができます。しかし、より広い意味で捉えれば、「何らかの情報を口頭で他者に伝えること」と定義することができます。このように考えれば、日常的に行われる上司への報告、客先での説明、さらには部下への指示などもすべて広い意味ではプレゼンテーションであると言うことができます。したがって日常の業務において、さまざまな場面でプレゼンテーションが行われている、言い換えるならプレゼンテーションが必要とされているということができます。その過程で、口頭だけでは伝えられない、伝えにくい情報、例えば数値やグラフ、イメージといったものを伝えるときに「スライド」という手段を使うことになります（図1-1）。

▶ プレゼンテーションの構成要素

したがって、プレゼンテーションにおいては「口頭で情報を伝える」というプロセスがコアとして存在し、その中で必要に応じて、スライド等の視覚的情報の伝達手段を用いるということになります。言うまでもなく、口頭、すなわち、「プレゼンター」という部分がなくなれば単なる「資料」となってしまい、それではプレゼンテーションとは言えません。

したがって、プレゼンテーションを成立させる構成要素としては、当然プレゼンターを挙げることになりますが、それ以外に伝える情報、そして、伝える相手が必要不可欠になります。プレゼンテーションを準備して実施

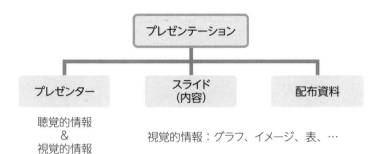

図1-1 ▶ プレゼンテーションの情報伝達要素

することは、これらの構成要素について考え、選び、組み立て、表現することであると言えます。

　これらのプレゼンテーションの3大構成要素の関係性は、内容（情報）をプレゼンターという媒体を通して相手に伝えるということになります。そこにもう一つの要素であるスライドが存在します（図1-2）。ただし、あくまでも「主」はプレゼンターであり、スライドは「従」であることも理解しておかなければなりません。そして、このプロセスこそがプレゼンテーションであると言えます。

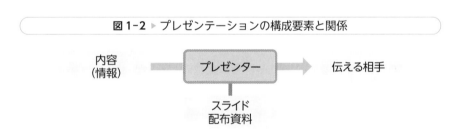

図1-2 ▶ プレゼンテーションの構成要素と関係

　このような「プレゼンテーションとは何か」という定義が理解できていない状態でどれだけ小手先のテクニックを知ったところで何も意味がないことは容易に理解していただけるのではないでしょうか。まずは根本的土台として、作成・実行しようとするプレゼンテーションとは何かを理解することから始める必要があります。これでやっとスタートラインに立つ資格を得たことになります。

002　データだけでは伝わらない

▶ 陥りがちな失敗

　プレゼンテーションの構成要素は、「内容」「プレゼンター」「伝える相手」であることはすでに説明したとおりです。「内容」とは言いかえれば「プレゼンテーションの本体」です。そこで、ここではプレゼンテーションを形作る内容について考えてみたいと思います。

　ここで言う内容には、プレゼンテーションの種類によってさまざまなものが考えられます。多くの方は実験結果、調査結果、提案、業績、計画といったものをイメージするでしょう。しかし、果たしてこれだけで相手に伝えたいことが伝わるでしょうか。

　特に技術系プレゼンテーションにおいては、往々にして単なる実験結果、すわなちデータの羅列になってしまっているケースが散見されます。より具体的に例を出せば、実験結果の報告において、

　　温度を高くすると収率が上がることが分かりました。
　　成分Aを加えると物性○○が向上することが分かりました。
　　……
　　以上の結果を踏まえて、さらに条件を検討していきます。

というようなプレゼンテーションです（図1-3）。これで伝える相手は内容を理解することができるでしょうか。

　確かに「サイエンスはデータで語れ」という言葉もありますが、当然「データだけを伝えればよい」というものではありません。データだけを示されても理解できません。アイデアと期待（想像）だけではイエスとは言えません。それだけでは不十分なのです。技術プレゼンテーションにおける結論は、もちろんデータの解釈から導かれます。しかし、「データが結論を説明している」という考えはプレゼンターの主観でしかありません。

　ここには必要不可欠な前提として、「そのデータが正しい」「信頼できるも

図1-3 ▶ そのプレゼンテーションは伝わりますか？

のである」ということが求められます。この前提が成立しなければ、解釈も結論もすべて否定されます。

　したがってプレゼンテーションにおいては、データだけではなくそのデータが正しい、信頼できるものであること、そして、データから結論を導くロジックがきちんと説明されていなければ、相手は理解することができません。

　プレゼンターは、十分に考えたつもりであり、「これ以上のものはない素晴らしい成果である」と思いこんでしまいがちです。しかし、聴講者からすれば、「本当にできるのか」「その製品は売れるのか」といった疑問を当然ながら持ちます。当然のことながら、「素晴らしいアイデアです」「間違いはありません」「頑張ります、やりたいんです」では伝わりません。

▶ 結果やデータの裏付けが必要

　では、具体的にどのように何を示せばよいのでしょうか。例えば実験結果であれば、それを得るために行った実験の方法や手順、さらにはそれらの方法や手順を考えるもとになった論文等の文献が挙げられます。また、調査結果であれば、調査方法、出典といったものが挙げられます。

　これらによって、その結果が受け入れるに足るものであることを示さなけ

ればなりません。そして、技術プレゼンテーションにおいては、「データの解釈においてはどのように考えたか」、すなわち思考プロセス、ロジックの説明が必要不可欠となります。

　これらの根拠を示すことによって、初めてデータや結論を伝える相手に受け入れてもらうことができるのです。

　このように、プレゼンテーションの構成要素である「内容」とは、単なる結果やデータといったものだけでなく、それらを裏付ける説明が必要不可欠である、ということです。しかし、現実には先に述べた通り、単なる結果とデータの羅列で終わっていたり、充分な説明がなされていないプレゼンテーションが数多く見受けられます。この背景には、「これぐらいのことは分かっているだろう」「充分説明している」という誤認、思い込みがあります。こういったものもプレゼンテーションの障害となるので注意しなければなりません。

　プレゼンテーションは、結果だけでは伝わらないのです。

003 技術プレゼンテーションの基本構造

▶ プレゼンテーションは階層構造

　プレゼンテーションは、結果や主観、すなわち、プレゼンターの言いたいことだけでは伝わらず、それらを裏付ける説明が必要となります。これは、言い換えれば、プレゼンターの「主張」だけでは伝わらない、その主張を裏付ける「根拠」が同時に必要であるということです。したがって、プレゼンテーションは「主張」と「根拠」を基本構造として構成しなければなりません。そのため、プレゼンテーションの基本構造は図1-4のような階層構造となります（図中では一部、記載を省略しています）。

図1-4 ▶ プレゼンテーションの基本構造

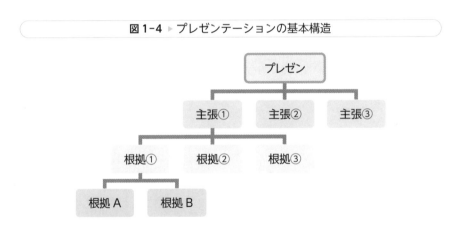

　まず、プレゼンテーションの骨格にあたるものとして、プレゼンターの言いたいことである主張があります。そして、すべての主張にこれを裏付けて説明する根拠がぶら下がることになります。時には、根拠の根拠が必要になることもあります。例えば、「その結果をどのようにして得たのか」すなわち、実験方法を示す必要があり、これが第1段階の根拠となります。しかし、それだけでは不十分な場合には論文などが実験方法の妥当性を示す第2段階の根拠として必要になります。また、実験結果から結論を導く過程においては、「結果の解釈」と「結論へのロジック」という構造があります。理想的には、

ロジックが明解で納得できるものであればそれでよいのですが、現実にはそれだけでは納得できないこともあります。そのような場合には教科書、学術論文や特許などの文献が根拠の根拠ということになります。すなわち、

　　この結論（主張）は、このような実験結果に基づくものです（根拠①）。
　　そして、この実験方法と結果の解釈は、この論文に基づくものです（根拠A）。

というようなものです。

▶ 全てを含めてしまうと…

　しかし、現実にはこの構造が成立していないプレゼンテーションが散見されます。例えば、結論という主張に対して実験結果を根拠として示すという中で、その主張（結論）に繋がっていない実験結果がプレゼンテーションに含まれている…というものです。

　典型例は、思うような結果が得られなかった、うまくいかなかったというような経過が芳しくない状況でのプレゼンテーションです。言わば「頑張りましたアピール」「サボってはいませんアピール」です。その気持ちは理解できますが、技術プレゼンテーションという観点に立てば間違いであることは明らかです。プレゼンテーションを聞いている人達は、「内容のすべてに意味があり、繋がっている」と考えながら聞いています。そこに突然どこにも繋がっていない情報が飛び込んできたらどうでしょうか。「どこかに繋がっているはず」という前提で聞いているのに、どこにも繋がらないため、聞いている人達は混乱します。しかし、プレゼンテーションはどんどん進んでいく。そうやって理解不能になり、プレゼンテーションは失敗します。もちろん、「この方法はダメでした」と伝えることに意味がある場合はこの限りではありません。

　したがって、プレゼンテーションを構成していくときには、この階層構造を頭に思い浮かべ（理想的には書き出して）、絶えず意識しなければなりません。プレゼンターの頭にすら構築されていない構造を聞いている人達が思い描けるはずはありません。

004 プレゼンテーションに求められること

▶ プレゼンテーションの役割

　プレゼンテーションは、業務において必要不可欠なものですが、具体的にどのような役割を狙うものでしょうか。もちろん「情報を聞き手に伝えるためのものである」ということは間違いありません。ではどんな情報を伝えるのか？　それはすでに述べたように、プレゼンターの主張ということになります。主張とは言いかえれば、プレゼンターの言いたいこと、伝えたいこと、すなわち、メッセージです。したがって、プレゼンテーションとはプレゼンターの主張をプレゼンテーションという形にして、聞き手に伝えるためのものであると言えます。

　ここで「伝える」ということについて、もう少し掘り下げてみたいと思います。プレゼンテーションでは、「伝え手の頭の中にある情報を聞き手と共有する」ということになります。すなわちプレゼンターがプレゼンテーションという形で発信した情報を聞き手が理解することが必要不可欠です。そのために「主張（メッセージ）をいかに分かりやすい形で表現するか」ということがプレゼンテーションには求められます。いくら重要な情報を発信しても、相手が理解できなければまったく意味はありません。

▶ 理解から納得へ

　ただし、ここでもうひとつ重要なことがあります。それは、「ただ聞き手に理解させればよいというわけではない」ということです。プレゼンテーションではただ「情報」を伝えるのではなく、「主張」を伝えるということが求められます。情報を伝えるだけであれば理解だけでも充分ですが、相手が理解したからといって「主張が伝わった」ということにはなりません。もう一段階「納得」というレベルまで到達しなければなりません。

　相手の言っていることは理解できた、しかし、納得できない、腹落ちしないということが往々にしてあります。「分かった分かった。君の言いたいことは分かったけどね」と言われてしまえばそこで終わりです。

理解と納得の間には、大きな溝があります。したがって、プレゼンテーションの役割とは、プレゼンターの主張をプレゼンテーションという形にして、聞き手に理解、納得させるためのものと言えます。特に、納得においては共感を得ることも重要です（共感については別項で改めて後述します）。

図1-5 ▶ プレゼンテーションの役割

　そしてもう一つ、プレゼンテーションには結果を成果にするという重要な役割があります（図1-5）。実験結果や様々な結果は、その結果が出た瞬間には当事者しか知りません。言い換えれば、世の中としてはその存在が認知されていない、すなわち存在していないということになります。このような状態を情報が「局在化している」と言います。インターネットのホームページで検索結果の100番目に出てくるようなページはほとんど認知されていません。これは存在はしているが、世の中としては存在していないと言え、これと同じことです。どんなに素晴らしい情報であっても、認知されなければ存在していないのと同じです。これがプレゼンテーションという形で発信されることによって当事者以外に認知され、世の中に存在を得ます。伝えて、伝わってこそ、「結果」は「成果」になります。

　プレゼンテーションの役割とは、プレゼンターの主張を聞き手に理解、納得させると同時に、そうすることによって結果を成果にすることです。

005 ▶ 技術プレゼンテーションの分類

▶ 技術プレゼンテーションの3類型

　プレゼンテーションと一口に言っても様々な種類があります。研究報告会で行うものもあれば、テーマ提案、テーマ審議会におけるプレゼンテーションもあります。分類の方法は様々であり、いくらでも細かく分けることは可能ですが、ここでは、結果型、承認型、教育型という大きく三つの型に分類します（図1-6）。

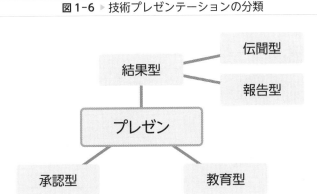

図1-6 ▶ 技術プレゼンテーションの分類

　まず一つ目は、技術系の方が最も行うであろう「結果型」。これは文字どおり、実験結果や調査結果など様々な結果を中心として報告するタイプのプレゼンテーションです。そして、結果型はさらに伝聞型と報告型の二つに分かれます。「伝聞型」は、自らが情報の創造主ではなく、人から聞いたこと、また聞きしたものを伝えるタイプになります。一方で、「報告型」は研究や調査の結果など与えられた業務の結果などを述べることです。実は、この二つには大きな違いがあります。伝聞型は基本的に話し手自身の判断等は含まれないのに対して、報告型は結果の解釈等の報告者の考えが含まれます。したがって、伝聞型は誰がしても同じ内容であり、むしろ同じでなければなりません。しかし、報告型は報告者ごとに内容が異なる、言い換えれば、その

報告者にしかできないということになります。実はこの違いは極めて重要で、ほとんどの技術プレゼンテーションとして求められるのは報告型です。しかし、現実にはこの二つが混同されており、報告プレゼンテーションと称しつつも結果が羅列されるだけの伝聞プレゼンテーションになってしまっているケースが少なからず見受けられます。プレゼンテーションを実施するにあたっては、このような混同が起きないように注意しなければなりません。

二つ目は、「承認型」のプレゼンテーションです。これは例えば、新たな開発テーマを提案するテーマ起案や実験等に必要な設備の導入を提案するときなどに行われるものです。提案内容について充分に理解して納得して頂けなければ、当然ながら承認を得ることができず、思うように進められないという事態を生んでしまいます。従って、組織の技術部門で業務を行っていく上では必要不可欠なプレゼンテーションと言えます。

三つ目は、「教育型」のプレゼンテーションです。これは言うまでもなく、人材育成や教育の場で、必要な知識やスキルなどを伝えることを目的としたプレゼンテーションです。時には新入社員教育の社内講師を依頼されることもあるでしょう。これもまた、技術やルールを伝えていく、人材育成という意味において極めて重要なプレゼンテーションの一つと言えます。

▶ 分類を意識してプレゼンテーションを準備しよう

このような分類は、プレゼンテーションを理解する上で必要である以上に重要な意味があります。それはこれらの分類を意識しながらプレゼンテーションを考える必要があるということです。なぜなら、プレゼンテーションの種類によって、同じ情報を伝える場合でも、伝え方が大きく変わるからです。例えば、結果型のプレゼンテーションにおいては原則として必要な情報を全て抜けなく、漏れなく滞りなく伝える必要がありますが、教育型のプレゼンテーションでは、教育という観点から、考えさせるために「あえてすべてを伝えない」という判断もあります。ところが、そうした配慮もなく、紋切り型のワンパターンプレゼンテーションが量産されています。

プレゼンテーションを準備する時にはこれらの分類をまず認識した上で始めなければなりません。

006 ▶ 納得できる技術論

▶ 説得と納得の違い

プレゼンテーションはプレゼンターの主張を聴講者に理解、納得させるためのものです。しかし、「理解」と「納得」の間には大きな溝があります。納得とは自分の主張を相手に受け入れさせることであると言えます。この相手に受け入れさせるという視点で考えると、納得とよく似た言葉に「説得」という言葉があります。日常的には、自分の考えを相手に受け入れてもらう時には「説得する」というような表現を使います。しかし、実は「説得」と「納得」はまったく異なるものです。言葉の定義に基づけば、

- 説得：意に沿わないことを相手に受け入れさせること
- 納得：自らの意思、希望による受け入れ。自発的同調

となります。プレゼンテーションが求めるものは、言うまでもなく「説得」ではなく「納得」です。

では、どうすれば相手を納得させることができるでしょうか。

人には意思があります。意思とは感情です。納得とは、「自らの意思による受け入れ」ですから、相手の感情が動いた時に納得が得られます。したがって、プレゼンテーションにおいては相手の感情に働き掛けるということが必要になるのです。人間は感情の生き物なのです。

では、どんな時に人は感情が動くのでしょうか。人の感情はワクワク感を感じられる時、共感を感じる時、そして自らの欲求が満たされる時、そんな時に動きます。したがってプレゼンテーションにおいてもこれらを示すことが必要となります（図1-7）。例えば、ワクワクするような新しいアイデア、業績に大きく寄与すると期待される新たな製品開発などが挙げられます。このようなものがプレゼンテーションの中で示されることによって、人は感情が動いて納得し、承認する、協力するといった決断をします。

図1-7 ▶ 納得の土台

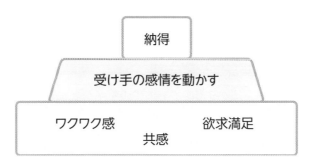

図1-7 ▶ 納得の土台

▶ 内的認知プロセス

このような人の意思や感情の動きには、「内的認知プロセス」と呼ばれるものが大きく関与します。人は、新たな情報に触れてその情報の取り扱いを決めるとき（すなわち判断するとき）、この内的認知プロセスに沿って進めます。図1-8 に示すとおり、人はまず新たな情報の存在を「知る」ところからスタートします。この段階では、まだその情報の存在を知るというレベルです。したがって、次の段階ではより詳細な説明を受けることで「理解」するという状態になります。そして、その次にいよいよ納得という段階に入ります。そこで、様々な選択や判断というものが行われ、最終的に決断が下されます。これが内的認知プロセスです。

図1-8 ▶ 内的認知プロセス

したがってプレゼンテーションにおいて、聞き手に技術論（ロジック）といったプレゼンターの主張を受け入れさせ、期待する結果を得るためには、聞き手の感情や内的認知プロセスといったものを意識しながらプレゼンテーションを考えていく必要があります。

技術を伝えるプレゼンテーションの3要素

007

プレゼンテーションを成功させるためには聞き手の内的認知プロセスに基づいて進んでいかなければならないことを述べました。これはつまり「内容に対する合意を得る」ということになります。ここではこの「内容の合意」についてより詳細に考えてみたいと思います。

▶ 課題の合意

内容の合意を得るためにまず必要となる要素は「課題の合意」です。「課題」とは、そのプレゼンテーションが示そうとする内容の発端となった問い、すなわち、プレゼンテーションのテーマです。これは、なぜそのようなことをしたのか、なぜこのような報告をするのかという「そもそも論」とでもいうべきものです。例えば、なぜそのような開発をするのか、なぜそのような実験をするのかというような問いに対する答えです。これらはプレゼンテーションにおけるスタートラインとでも言うべきものです。まずこれらについて合意が得られなければ、プレゼンテーションの内容全てを否定されてしまうことにもなりかねません。すなわち聞き手にとって、そのプレゼンテーションは聞く意味や価値のないものになってしまい、その後の本論で何を話そうが全ては否定されてしまうことになり、プレゼンテーションは失敗に終わります。特に技術の世界においては、この課題（テーマ）の合意は極めて重要なものになります。

▶ 価値の合意

次に必要となる二つ目の要素は「価値の合意」です。これはそのプレゼンテーションが示す結果や結論にどのような価値があるかということです。例えば、このプレゼンテーションを聞いてよかったと思えるかということです。もちろんプレゼンターはそのような価値があると考えているわけですが、聞き手の考えや判断はまったく別のものです。仮に課題（テーマ）に合意ができたとしても、結果や結論に価値がないと判断されれば、そのプレゼンテー

ションは当然ながら受け入れてもらうことはできません。したがって、例えばプレゼンテーションで示す結果や結論が生み出すもの、実現することなどをしっかりと説明する必要があります。技術の世界においては、必ず「新規性」や「進歩性」といったものが価値として求められます。

そして、プレゼンテーションに必要不可欠な理解、納得は、実はこの課題の合意と価値の合意を基盤として生み出されます。

▶ 関係の構築

三つ目の要素は、「関係の構築」です。人は感情の生き物であると **006** で述べましたが、時に人は相手の言っていることが正しいと頭ではわかっていても受け入れることができないときがあります。これには、日頃の関係性が大きく影響します。普段から険悪な関係にある人の主張を容易に受け入れることができるでしょうか。一方で、親密な関係にある人のお願いは多少無理があっても、「何とかしてあげよう」という気持ちになるのではないでしょうか。このように、プレゼンテーションに普段の関係性が影響することがあります。したがって、普段からの良好な関係を構築することも、実は大事なことです。もちろん、特に技術の世界にこのような日頃の関係を持ち込むことは慎まなければなりませんが、こういったことも意識することで、円滑にプレゼンテーションを進めることができます。

プレゼンテーションを行うにあたっては、まずこの3要素について検討しなければなりません（図1-9）。

図1-9 ▶ プレゼンテーション成功の3要素

008 ▶ 技術プレゼンテーションにも心は必要

▶ 正しければそれだけでよいわけではない

　プレゼンテーション、特に技術プレゼンテーションにおいては、事実に基づく情報とロジックが重要であることはすでに述べたとおりであり、みなさんもご承知のことと思います。

　確かにその通りなのですが、一方でプレゼンテーションに関わるのは人であるということを忘れてはいけません。すなわち、そこには意思や感情といったものが存在するということです。

　いくら正しい情報であり、論理的であったとしてもプレゼンテーションが受け入れられないことはあります。

　例えば、聞き手の望まない情報や必要としていない情報であった場合、聞き手にとってそのプレゼンテーションは意味も価値もない苦痛なものです。いくらプレゼンターが素晴らしい結果であり、聞くべき、納得すべきものであると考えても、それはプレゼンターの主観でしかありません。また、「これだけ説明しているのだから理解できて当たり前」という考えも間違いです。

　もちろんプレゼンテーションの主役はプレゼンターであり、プレゼンターが作成した内容があるわけですが、一方で、聞き手あってのプレゼンテーションでもあり、**聞き手を無視してプレゼンテーションは成立しません**。聞き手の気持ちを汲み取る、希望を汲み取るということがプレゼンテーションを考えるにあたっては必要不可欠です。プレゼンターが自分の言いたいことだけ言うプレゼンテーションは、単なる独演会でしかありません。

　例えば、上司が部下の報告プレゼンテーションを聞くとき、求めているのは必ずしも結果だけではありません。部下が何をどのように考えたのかということも聞いて、その上で適切なアドバイスをしようと考えているのではないでしょうか。

　新しい開発テーマの承認を求める提案プレゼンテーションにおいても、決

済者は「何ができるのか」「何が実現する」のかというよい面ばかりを聞きたいわけではありません。実行するにあたって考慮しなければならないリスクや障害といったネガティブな面も確認したいと考えるものです。その上で両者を比較して、判断を下します。

▶ 必要なのは「おもてなしの心」

プレゼンテーションとは見かけ上、プレゼンターからの一方的な情報発信のように見えます。しかし、実際には、必ず質疑などのディスカッションや意見交換の場が存在します。そうすることでよりよい結論が導かれるのです。

すなわち、プレゼンテーションは双方向の情報交換コミュニケーションであると言えます。にもかかわらずプレゼンターが言いたいことだけ、伝えたいことだけを発表して終わっていては、プレゼンテーションは成立しません。

したがって、プレゼンテーションにも相手の希望や気持ちや感情を汲み取るという心の働きが必要になります。すなわち、相手に聞いていただき、喜んでいただくという気持ち、言うなれば「おもてなしの心」が必要と言えます（図1-10）。

そうすることでプレゼンターと聞き手の距離が縮まって一体となることができ、プレゼンテーションがスムーズに受け入れられる土壌ができあがります。

図1-10 ▶ おもてなしの心

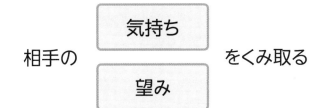

009 ▶ 技術プレゼンテーションの目指すゴール

▶ ゴールに到達するための二つの壁

　ここで、根本的なことについて考えてみたいと思います。そもそも、なぜプレゼンテーションをするのでしょうか。もちろん、仕事だから、上司に指示されて、やらなければならないからなど様々な事情もあるでしょう。しかし、意味のないことは仕事にはならず、上司は指示しません。そして、みなさんもやらないでしょう。

　したがって、プレゼンテーションにはそれを行う理由が必ずあるはずです。これは言い換えれば、プレゼンテーションを実行することによって到達したいゴール、目指すゴールが存在するということです。

　ただ、現実にはプレゼンテーションのゴールを明確に意識することはほとんどなく、漫然と仕事としてこなしている状態ではないでしょうか。これでは、どこに向かっているかも分からない、考えないまま走りだすようなものです。

　ゴールの詳細については別項で詳しく述べるとして、ここでは業務として実施されるプレゼンテーションにおいてゴールに到達するために必要なことと共通するゴールについて、本章のまとめとして整理していきたいと思います。

　ゴールに到達するために第一に必要なことは、プレゼンテーションの内容、すなわち伝えたいことを理解してもらうことです。もちろんこの理解の対象は、プレゼンテーションに含まれる結果等の内容だけではなく、背景なども含まれます。「何を言っているかよくわからない」では先に進むことができません。

　その上で第二に必要なことは、その理解したことを納得していただく、受け入れていただくということです。この「納得」という、大きな壁を乗り越えなければ、プレゼンテーションはゴールに向かって進むことができません。

◆ゴールとは「決断」と「行動」！

　これら二つの壁を乗り越えることによって、やっとゴールの手前まで到達することができます。ではそのゴールとは何かと言えば、その一つは聞き手に決断してもらうこと、動いてもらうことであると言えます。

　例えば、実験結果の報告プレゼンテーションにおいては、実験方法や結果といった報告内容を受け入れていただき、「このまま進めてもよい」という決断を得ることがゴールになります。また、開発テーマの提案プレゼンテーションにおいては、「その提案を承認する」という決断を得ることがゴールになります。

　決断だけではなく、時にはそのもう一歩先、すなわち相手に動いてもらうことがゴールになることもあります。例えば、実験を円滑に進めるために他部署に協力を得なければならないことがあります。そんなときに、その実験結果の中間報告（プレゼンテーション）を充分理解して納得してもらえていれば、他部署等への協力依頼が期待できます。また、提案プレゼンテーションにおいては、その場で上司の方からアシストするような発言でのサポートも期待できます。

　このように、プレゼンテーションにおいて聞き手の理解や納得が重要であることはもちろんですが、それで終わりではないということをしっかりと認識しておかなければなりません。プレゼンテーションのゴールである聞き手の決断や、行動というところまで到達できるように考えていかなければなりません（図 1-11）。

図 1-11 ▶ プレゼンテーションのゴール

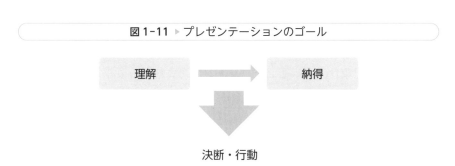

第2章

技術プレゼンテーションに
必要なこと

010 専門知識という障害

▶ 相手の不安や疑問を取り除く

プレゼンテーションは、双方向の情報伝達コミュニケーションであることから、コミュニケーションという観点も考慮に入れる必要があります。まず重要なことは、「相手に不安や疑問を抱かせない」ということです。

不安や疑問を抱えた状態ではコミュニケーションが成立しないことは明白です。例えば、「あなたは誰？」「これからどんな話をするの(聞かされるの)？」「私は何を求められているの？」というような不安や疑問を抱えたままでは、落ち着いて話を聞くことは困難です。

したがって、プレゼンテーションでは、相手に安心感を与え、聞くための準備をできるようにするとことが大切になります。

例えば、「あなたは誰？」に対しては、もちろん自己紹介をするということになります。ただ、読者の中には「普段の業務のプレゼンテーションで自己紹介など必要になるのか」と考えた方もいるでしょう。

確かにほとんどの場合その通りなのですが、それなりの規模の会社で社長や役員を前にしてプレゼンテーションをするという場面を想像してみてください。果たして、名前を言っただけでどこの誰だか理解できるでしょうか。また、客先で製品紹介プレゼンテーションをするときも、まず会社説明等から始めるケースが多いのではないでしょうか。

プレゼンテーションにおいては、状況に応じてこのような障害となる聞き手の不安や疑問を取り除くことが必要になります。

▶ 専門知識の「壁」

また、技術プレゼンテーションにおいてはもう一つ、大きな障害となりうるものがあります。それは専門知識です。技術の世界は、様々な分野に分かれており、それぞれの分野で理論や用語といった多くの専門知識が存在します。当然ながら、すべての専門知識を理解できる人はいません。

　もちろんそのプレゼンテーションで新しく報告することは詳しく説明するでしょう。しかし、その専門分野において、ある意味では常識となっているような、普段当たり前に使っている知識や用語などは、プレゼンテーションの中で無意識のうちに使ってしまうのではないでしょうか。

　しかし、相手がそれを理解できるとは限りません（図2-1）。これもまたプレゼンテーションの大きな障害となるものであり、特に技術プレゼンテーションにおいて顕著な障害要因の一つです。このような基本知識とも言えるようなものもしっかりと説明しておくことで、相手に聞くための準備を与えることができます。

図 2-1 ▶ 聞き手の不安・疑問

　第1章でプレゼンテーションにおいても「心」が必要、「おもてなしの気持ち」が大切であると述べましたが、ここで述べていることも一種のおもてなしと言えます。どうすれば相手に伝わりやすいか、相手が理解しやすいかを考え、そのためにこちらが歩み寄っていく、それこそがおもてなしではないでしょうか。

　一つひとつプレゼンテーションの障害となるものを取り除いていくことで、目指すゴールに到達することができるのです。

011 技術プレゼンテーションに何を求めるか

▶ プレゼンをする意味

　プレゼンテーションにおいて、聞き手の存在が重要であることは既に理解いただいているかと思います。では、彼らはプレゼンテーションに何を求めているのでしょうか。プレゼンテーションの種類や状況、相手によって、様々なことが考えられますが、共通するものとして、そのプレゼンテーションを聞く「理由」は必ず求められていると考えるべきでしょう。一方で、これをプレゼンターの立場に立って言い換えれば、

- この話を今なぜこの場でするのか。
- なぜこの人たちにするのか。

という問いになります。これらの問いに対する答えは、プレゼンターと聞き手の双方にとって重要なものであり、すなわち、プレゼンテーションにおいて必要不可欠なものということになります。言い換えれば、「これらの問いに即答できなければ、そのプレゼンテーションはする意味がない」ということになります。プレゼンターがなぜこの話をこの場でこの人たちにするのかということが理解できていない、そして、聞き手もなぜこの話を自分が聞かなければならないのか分からない、そんな状態でプレゼンテーションが成立するはずがありません。この意味において、これらの問いはプレゼンテーションの根本を形作るものと言えます。

▶ 誰に何をどう伝えるのか

　しかし、日常的に行われているプレゼンテーションの中には、このような問いに対する答えが存在しない、そもそもそんなことは考えていないものが数多くあります。

　例えば、定期的に行われる報告会や検討会と称したものなどがこれに当たります。「以前からずっとやり続けているから」「入社した当時からやり続けられているから」といった程度の思考で実施され続けています。そして、そのようなプレゼンテーションは、まるで金太郎飴のように紋切り型で、いつ

もワンパターンで、何ら深い議論もされないまま、ただプレゼンテーション
をすることが目的になっています。そもそもプレゼンターも聞き手もそんな
ことは考えたことはなく、気にも留めないまま、ただ漫然とプレゼンテーショ
ンを行っているわけです。そうやって貴重な時間が浪費されています。

　しかし、これらの問いについてしっかりと考えることで、このような状態
から脱することができます。

　そして、これらの問いに対する答えを用意することができて初めて、「誰
に何をどう伝えるのか」というプレゼンテーションの骨格が定まります。
冒頭で述べたように、聞き手や状況によって求められていることは様々です。
そんな時にこの問いを考えることで、プレゼンテーションの基本的な枠組み
を考えることができます。

　聞き手は何に興味を持ってくれるのか、すなわち、何を求めてい
るのかが分かれば、プレゼンテーションに含めるべき内容が考えられます。
そして、聞き手がイメージできることで、伝えたい内容や伝えるべき内容、
そして、それらをどのように説明すれば理解してもらえるか、さらに、納得
してもらえるかということを考えることができます。そうやって聞き手に合
わせてプレゼンテーションを構成していくことができます。

　そうすれば、プレゼンテーションがスムーズに受け入れられ、求めるゴー
ルに到達することができるのです。

　もちろん聞き手にだけ合わせれば良いというわけではありません。プレゼ
ンターの意図も含めて、伝えなければならないこと、伝えたいことも重要で
す。

　ただ、現実には多くのプレゼンテーションがプレゼンターの視点だけで構
成されています。そのために聞き手にとってはつまらないプレゼンテーショ
ンになってしまっているわけです。そうならないためにも、ここに挙げた根
本に当たる問いに対する答えを必ず用意しておかなければなりません。

012 全ては「目的」ありき

▶ プレゼンテーションの目的は？

　すべての行動には、それを意識してか意識せずかは別にして、必ず「目的」が存在します。例えば、「遊ぶ」ということに対しては「楽しみたい」という目的が存在します。とりわけ、業務においては目的の認識は極めて重要となります。なぜこの作業をするのか、何のためにするのかが分からないまま行うことは、いわゆる「やらされ仕事」、文字通りの単なる「作業」となってしまいます。

　これでは期待されるような成果を出すことはできません。

　当然ながら、プレゼンテーションにおいてもそれは同様です。例えば、開発における中間報告プレゼンテーションは、それまでの進捗状況を共有する、必要な指摘や助言を得る、そして、次のステップについて承認をもらうという目的のもとに行われます。

　また、客先でのプレゼンテーションは、提案したい商品や技術を理解してもらい、購入や導入の決断をしてもらうというようなことが目的になります。このように、プレゼンテーションにおいても必ず、行う目的が存在します。

　実は、011 で述べた「なぜこのプレゼンテーションをするのか、なぜこの人たちにするのか」という問いは、言い換えれば、このプレゼンテーションの目的を問うているわけです。

▶ 目的がプレゼンテーションを決める

　目的が定まり認識できることで、伝えたいこと、伝えるべきこと、伝え方が決まります。

　例えば、「考えさせることで育成する」という目的を持った教育型プレゼンテーションにおいては、すべてを伝えることが正解ではありません。一方で、トラブルや問題の報告においては、すべてを抜けなく確実に伝えなければなりません。このように、目的によって、プレゼンテーションの構成は、

大きく変わるのです。

　このようにして、プレゼンテーションの骨格である何を主張するのか、そして、主張するためにどんな根拠が必要になるのか、そして、それらをどのように組み合わせるかという構成が考えられるわけです。

　さらには、スライドのデザインをどのようにするのか、また。プレゼンテーションというパフォーマンス（話し方）も決まっていくことになります（図2-2）。

　すなわち、「目的がプレゼンテーションを決める」ということになります。

図 2-2 ▶ 目的が決める

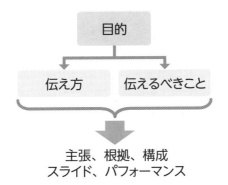

013 プレゼンテーションのゴールを示す

▶「分かった」のその先へ

プレゼンテーションには目的・ゴール必ず存在するわけですが、実はプレゼンテーションのゴールは二つあります。それは、「内容のゴール」と「プレゼンテーションというプロセスのゴール」です（図2-3）。

図 2-3 ▶ 二つのゴール

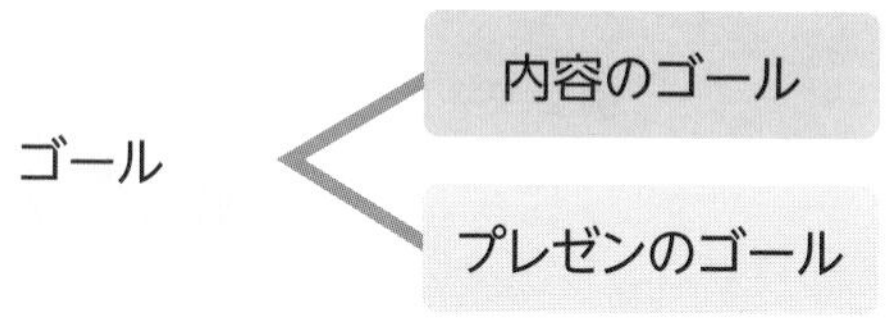

「内容のゴール」は、その名のとおりプレゼンテーションが伝えようとしていることのゴールです。技術開発の報告プレゼンテーションであれば、「その開発を実行することによって何を実現しようとしているのか」という、開発という行為自体のゴール、これが内容のゴールとなります。

また、実験結果の報告プレゼンテーションであれば、「その実験を行うことによって何を明らかにしようとしているのか」「何を確かめようとしているのか」という、その実験という行為自体のゴールということになります。

したがって、プレゼンテーションにおける内容のゴールは、プレゼンテーションの準備をする段階においてはすでに決定されているもの、決定されていなければならないものということになります。

しかし、現実にはそのようになっておらず、プレゼンテーションを構成しながら実施したことの目的、意味を作り出そうとするケースが散見されます。例えば、行った実験結果やデータを眺めて、「さて、ここから何が言えるか」ということをプレゼンテーションを準備しながら考えるというようなことが行われてしまっているのです。

これは、プレゼンテーションの準備の仕方が間違っているというだけではなく、そもそもの仕事の進め方が間違っているとすら言える状況です。

▶「本当のゴール」を意識しよう

また、これと共によくあるパターンとして「手段」と「目的」の混同が挙げられます。

例えば、新商品開発という業務におけるゴールは何でしょうか。ひょっとすると、「思い描く新商品を開発することがゴールである、目的である」と考えた方がいるのではないでしょうか。果たして、そこが本当にゴールでしょうか、新商品の開発ができればそれで終わりでしょうか。

決してそんなことはないはずで、あくまでも新商品の開発は「手段」であり、「それを実現することによって業績をアップする」といった本当のゴールがあるはずです。

本質的には、これらのことは先にも述べたとおり「仕事の進め方」という領域に入ってきますが、この内容のゴールが明確に正しく定まっていないと、プレゼンテーションの内容自体が意味を持たなくなってしまうため、極めて重要なポイントと言えます。

次に、もう一つのゴールである「プレゼンテーションというプロセスのゴール」は、プレゼンテーションを行うことによって何を実現したいのか、何を得たいのか、ということになります。例えば、「承認を得る」「アドバイスを得る」といったものがこれに当たります。

これら二つのゴールをプレゼンターが明確に認識し、それをプレゼンテーションの中で示すことが求められます。

014 プレゼンテーションの「あるべき姿」

▶「聞いた人がハッピーになる」ために

「プレゼンテーションのあるべき姿、目指す姿」はと問われれば、この本のテーマそのものであるとも言えますが、ここではもう少し的を絞って考えてみたいと思います。

プレゼンターの立場でプレゼンテーションのあるべき姿を考えることは比較的容易だと言えます。承認を得る、アドバイスを得るといったことがプレゼンターにとってのプレゼンテーションのあるべき姿、すなわち、先に示したプレゼンテーションそのもののゴール、これに到達することです。これは言い換えれば「プレゼンターが期待するような行動や決断を聞いた人がしてくれる」ということです。

一方で聞き手にとってのあるべきプレゼンテーションの姿とはどのようなものでしょうか。もちろん、人それぞれ、状況それぞれということになりますが、せっかくなのでもう少し解像度を高めてみましょう。

「プレゼンテーションがゴールに到達できる」という観点で考えてみると、まず挙げられるのは、「聞いた人がハッピーなる」、そんなプレゼンテーションがあるべき姿、目指す姿の一つではないでしょうか。言い換えれば、「このプレゼンテーションを聞いてよかった」「有意義な価値ある時間だった」と聞き手が感じられるかどうかということです。言うまでもなく、聞き手がそのように感じてくれればプレゼンターが期待する「決断」という行動を充分に期待することができます。

そのためには、当然のことながらプレゼンターが自分目線で言いたいことだけを話していては到底無理で、まさに「おもてなしの気持ち」を持たなければなりません。

▶ 聞いたことを他人に言いたくなるように

そしてもう一つ挙げられるプレゼンテーションのあるべき姿は、「聞いた

人がその内容を他人に言いたくなる」ようなプレゼンテーションであることだと言えます。誰しもが経験があると思いますが、いい話を聞いた、素晴らしい話だったと感じれば誰かに話したくなるのではないでしょうか。

　聞き手にそんなふうに感じてもらえれば、当然のことながらポジティブな反応、すなわち、求めるような決断や行動を期待することができます（図2-4）。

　このことは「組織」という観点で考えるとより大きな意味を持ちます。プレゼンテーションをポジティブに他人に話してくれるということは、言うなれば「代理のプレゼンターになってくれている」ということです。そうすれば予想外の期待以上の協力を得られることもあれば、アドバイスを得られることもあるでしょう。そう、「味方が増える」ということです。

　プレゼンテーションを考えるにおいては、こういった「どのようなプレゼンテーションを目指すのか」ということもしっかりと意識しておくことが重要です。

図2-4 ▶ プレゼンテーションのあるべき姿

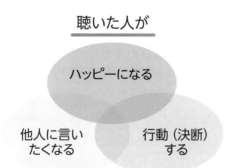

聴いた人が

ハッピーになる

他人に言い
たくなる

行動（決断）
する

015 技術論＝ストーリー

▶ プレゼンテーションに必要なストーリー

　プレゼンテーションは単なる情報の集合であってはならず、主張と根拠の階層構造が必要とされることはすでにご理解いただいているかと思います。「単なる情報の集合ではない」とはどのような意味なのでしょうか。それは、プレゼンテーションにストーリーが存在するということです。すなわちプレゼンテーションとは物語であると表現することができます（図 2-5）。

　物語（ストーリー）と言えば SF などの小説がその代表として思い浮かべられます。小説に限らず、すべての物語には必ず登場人物に相当するものが存在します。そして、物語はその登場人物の行動や関係といったものが説明されていく中で構築されていきます。

　ではプレゼンテーションにおいては、物語はどのように構築されるのでしょうか。プレゼンテーションという物語における登場人物は言うまでもなく情報です。例えば、技術プレゼンテーションであれば、実験結果や調査結果といった情報が登場人物として挙げられます。そして、それらの登場人物に対するプレゼンターの考え、すなわち、ロジックがそこに加わって情報の意味や関係性といったものが生まれます。

　したがって、物語は「情報」と「ロジック（考え）」の二つによって構築されていくことになります。

　ただし、一般的にイメージされる物語とプレゼンテーションにおける物語には大きな違いがあります。小説の中に描かれる登場人物は、実在のこともあれば、架空のものであることもあります。特にどちらであっても問題はなく、ほとんどの場合、架空のものです。

　しかし、みなさんが行うプレゼンテーション、特に技術プレゼンテーションにおいては、登場人物である情報は必ず事実でなければなりません。誤った情報や偽りの情報がプレゼンテーションの中に含まれることがあってはならないのは当然のことです。

　また、登場人物である情報を繋ぎ、定義づける考えやロジックといったも

のも、思いつきやカンといったいわば妄想のようなものであってはなりません。客観的、論理的であり、「仮説」と呼べるようなものでなければなりません。

▶ プレゼンターに必要な「思い」

このように、基本的には情報、そして考えという二つの登場人物によって物語を構成することになります。しかし、ここではもう一つ付け加えたいと思います。それはプレゼンターの「思い」です。もちろん、情に訴えて事実を捻じ曲げる、同情を買うというような意味ではありません。

ここで言う「思い」とは、言い換えるならば「情熱」と呼ばれるようなものです。人は感情の生き物であると述べましたが、通常の感性であれば、頑張っている人には協力したい、助けてあげたいと感じるものではないでしょうか。逆に、本人が「どうでもいいよ」と思っているような状況では協力する気にはなりません。あくまでもスパイスとしての位置づけではありますが、プレゼンテーションにはそういった強い「思い」、「情熱」と呼ばれるものもやはり必要ではないでしょうか。

したがってプレゼンテーションという「物語」は、事実と呼べる情報を登場人物として、客観的、論理的な考えで、それらが結びつき、そこに思いというスパイスが加わることで構成されるのです。

図 2-5 ▶ プレゼンテーション＝物語

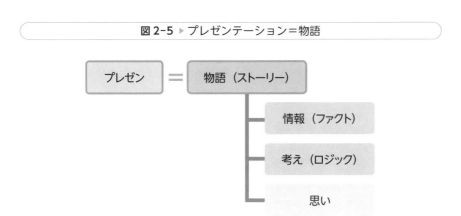

016 ストーリー性の付与と役割

▶ 時代劇に学ぶ「ワンパターン」の魅力

　プレゼンテーションにおける物語、ストーリーの重要性については、すでに説明したとおりですが、ここではストーリーというものについてもう少し考えてみたいと思います。

　みなさんは「水戸黄門」「吉本新喜劇」といったものをご存知でしょうか。どちらも非常に人気があり、長い期間継続しているものです。では、なぜこの二つはそんなに長い期間人気を維持し、多くの人に支持を得ることができているのでしょうか。

　両者に共通するものの一つとして、多少語弊があるかもしれませんが「ワンパターンである」ということが挙げられると思っています。例えば、「水戸黄門」は冒頭の５分を見れば結末までの流れがおおよそ予想できます。にもかかわらず、１時間の時代劇として成立していることは不思議に感じないでしょうか。

　また、「吉本新喜劇」は誰が、いつ、どのタイミングで、どのギャグをするのか、見ているほとんどの人は知っています。すなわち「オチ」の分かった喜劇を見せられているということになります。こちらも非常に不思議な状況です。どちらもこのような展開、すなわち、ストーリーが毎回ほとんど変わることなく繰り返されます。にもかかわらず、何十年と支持を得続けているわけです。

　しかし、見方を変えれば、両者のストーリーには、プレゼンテーションにとって非常に重要な共通性があります。それは、「どちらのストーリー展開も極めて単純明快で明確である」ということです。言い換えれば、ストーリーの展開を容易に予想でき、期待どおりの結果を与えてくれるというものです。

　この特徴はプレゼンテーションにおいて必須と言えるものではないでしょ

うか。なぜなら予想が容易で、期待どおりの結果を与えてくれる、すなわち、非常に分かりやすい、受け入れやすいストーリーということになるからです。

そのようなプレゼンテーションは、言うなれば安心して聞けるプレゼンテーションということになります。となれば、プレゼンテーションが求める理解と納得という流れがそこに生まれてくるわけです。

▶ 聞き手にとってストーリーが必要な理由

ところが、技術プレゼンテーションにおいては、得てして難解な論理展開というものが生じることがあります。プレゼンターは充分な時間を使ってそのロジックを組み立てているわけですから当然理解できるわけですが、聞き手はプレゼンテーションの場で初めて聞くことになります。

「持ち帰ってゆっくり考えれば理解できるだろう」ではダメなのです。その場で理解できなければプレゼンテーションは否定されます。これが書籍や教科書、論文等であれば、理解できるまで納得できるまで何度でも読み返すこともできるでしょう。しかし、プレゼンテーションはリアルタイムに止まることなく情報が流れていきます。すなわち、聞き手が自分のペースで考えるということができないのがプレゼンテーションなのです。したがって、プレゼンテーションにおいては、相手が受け入れやすいストーリーと論理性が必要ということになります。

ただし、いくら「単純明快で理解しやすい、分かりやすいストーリーを」と言っても、当たり前のこと、すでにわかっていることを並べても意味が無いことは言うまでもありません。当然ながら、新規性や進歩性といったものが必ず求められます。

重要なことは、「そういった新しい知見をいかに分かりやすく説明するか」ということです。それこそがストーリーであるとも言えます。

017 ▶ 技術に必須の論理性と理解

▶ 「事実」と「考え」を切り分ける

　プレゼンテーションというストーリーは、情報という「事実」とプレゼンターの「考え」で構成されるわけですが、当然ながらこの考えの中には「主観」や「予想」といったものも含まれてきます。例えば、初期段階では不明なことはたくさんありますし、残念ながら最終段階においても全てが解明できないこともあります。

　もちろん、プレゼンターの主観や単なる思い込みとも言えるような根拠のない予想「だけ」でストーリーを構成してはならないことは言うまでもありません。重要なことは、それらをしっかりと区別するということです。

　例えば、自信満々のプレゼンテーションで、あたかも事実のように話している。しかし、そうやって事実だと思い、信じて聞いていたものが、最後の最後になってプレゼンターの単なる予想でしかなかった、そんな最後の最後でハシゴが外されるちゃぶ台返しとも言えるような経験をされた方もいるのではないでしょうか。

　もちろん全てが予想であったわけではなく、そこには事実もある程度含まれていたでしょう。しかし、ハシゴを外されるような状況に陥れば、すべてが疑わしく思えてくるのではないでしょうか。

　事実と主観や予想、推測といった考えが明確に区別されていれば、プレゼンテーションを正しく理解することができます。しかし、そういった区別が曖昧になっていると、聞いている人は混乱し、誤解を招くことになります。そして、最悪の場合、不信感を生んでしまい、プレゼンテーションが否定されてしまうという事態を招きかねません。

　決して予想や推測、主観といったものがプレゼンテーションに含まれてはならないというわけではありません。重要なことは、それらと事実が明確に区別できるように説明されているということです（図 2-6）。

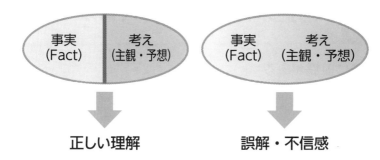

図2-6 ▶ 事実と考え

▶ 語尾で切り分けを明確にする

　ここで、これらをどのように区別すればよいのかについて一例を示したいと思います。

　例えば、話し方においては語尾が重要になります。

　すなわち、事実の場合には断定の「です」「なりました」などを使い、予想の場合には推測の「推定されます」「予想されます」などを使うというように、しっかりと使い分けるということです。

　また、スライド、例えばグラフであれば、実験等で得た事実と言える結果については実線や濃い色で示し、外挿や予測値については薄い色にする、または、点線で示すというような工夫が挙げられます。

　このようなごく簡単な注意や工夫をすることでも、事実と考えを明示的に区別することができます。これによって不必要な誤解や不信感を招くことを避け、正しい理解を促すことができます。

018 ▶ 前提条件・背景を共有する

▶ すべてに前提がある

　プレゼンテーションにおいては課題、すなわちそのプレゼンテーションが示そうとするテーマの合意が必要であると述べました。例えば、「なぜそのような開発をするのか」「なぜそのような実験をするのか」という問いに対する答えです。これらは、言い換えれば「前提条件」や「背景」ということになります。少なくとも、業務においては通常何らかの前提条件や背景というものが存在します。

　例えば、新たな開発テーマとして強靭な新規材料を開発することを提案するとします。もちろん、提案者自身にそういった開発に挑戦したいという思いはあるでしょう。しかし、それだけでは企業という組織の中では認められません。

　このような提案が認められるためには、当然の前提条件として、ここで言えば強靭な新規材料というものが世の中で求められている、すなわち、ニーズがあるという事実が必要です。そして、この前提条件の背景には、例えば災害による被害を減らすためにより堅牢な建材が必要である、そんなことが存在するはずです（図2-7）。

　このような前提や背景が存在しなければ、提案される新規開発テーマを実行する意味は聞き手には認められないということになります。

図 2-7 ▶ 前提と背景

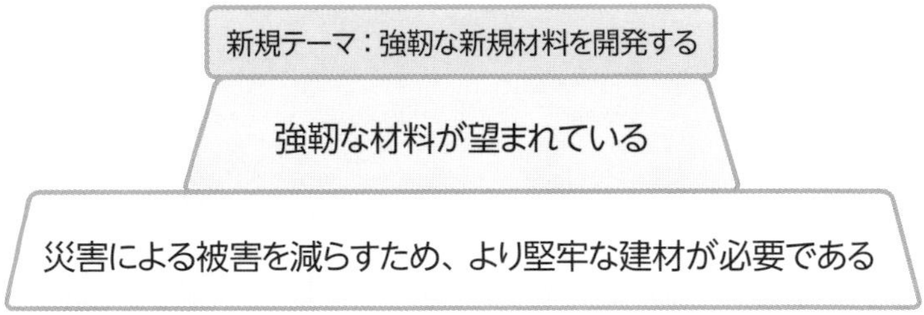

新規テーマ：強靭な新規材料を開発する

強靭な材料が望まれている

災害による被害を減らすため、より堅牢な建材が必要である

▶ 前提条件と背景

したがって、プレゼンテーションの中では、これらの前提条件や背景を明確に説明するということが求められます。そして、プレゼンテーションにおいて、この前提条件や背景の存在にはもう一つ大きな意味があります。それは、プレゼンテーションと前提条件や背景の関係性が、まさしくプレゼンテーションのストーリーを形作る重要な要素の一つであるということです。すなわち、先の例で言えば、

> 災害による被害を減らすためにより堅牢の現在が必要です。そのためには現在のものよりも強靭な材料が必要です。したがって、ここに大きなニーズが存在し、かつ、社会への貢献もできることから、新たな開発テーマとしてより強靭な新規材料を開発することを提案します。

と、いうようなプレゼンテーションの背骨となるストーリーが生まれるのです。

このような前提条件や背景を考えることは決して難しいことではありません。少なくとも技術の世界においては、思いつきで物事がスタートするということはありえません。すべて何らかの前提や背景があり、それをもとにした考えに則って研究開発を進める、技術開発を進めるということになります。

重要なことは、「それらをしっかりと考え、明確に意識できているか」ということ、そして、「それをプレゼンテーションの中で説明できているか」ということです。

019 技術のうれしさ（価値）を伝える

▶ 新規性と進歩性

技術プレゼンテーションにおいて「伝えるべきものは何か」と問われれば、言うまでもなく、新たな知見、技術です。これには、一般に「新規性」「進歩性」と呼ばれる二つの要素が含まれます。

これら二つの言葉は、元々は特許の要件となるものでもありますが、非常に似た言葉であることから混同してしまっている方もいらっしゃるのではないでしょうか。

「新規性」は、文字どおりの新しさ、従来になかった、新たに生み出されたものは何かということです。一方、「進歩性」は、従来のものをベースとしてどうよくなったのかというもので、いわゆる改良、改善といったものが該当します。

▶ その知見の価値は？

少なくともこれらのうち一つはないと、技術プレゼンテーションとして報告の意味はないとも言えます。

ところが、現実の技術プレゼンテーションでは、「こんなことが分かりました」「こんなことができました」といった報告がしばしば行われています。確かにこれらの結果を伝えることは重要ですが、果たしてそれだけでよいのでしょうか。

アカデミアの世界であれば発見、明らかにすること、すなわち、「分かりました」がゴールだと言えます（もっとも、最近は科研費獲得競争も厳しくなっているので、必ずしもそれだけでよいということではないとは思います。しかし、一義的にはそれでもって成果と言うことができるのではないでしょうか）。

しかし、民間企業においてそれでよいかと言われれば、それだけでは残念ながらプレゼンテーションは成立しません。「その新たな知見は何を生み出すのか」という「価値」が今後の事業展開を考える上で重要

となります（図2-8）。

　言い換えれば、その新たな技術は何を生み出し、提供してくれるのか、その技術を生み出して何がどう「うれしい」のかということです。こうした要素がなければ、聞き手からすれば「なぜここにいなければならないのか？」という状況です。

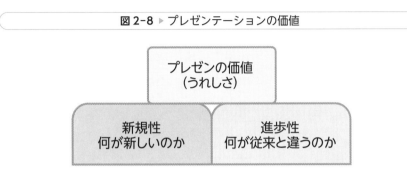

図 2-8 ▶ プレゼンテーションの価値

▶ メリットは？

　さらに踏み込んで言えば、「聞き手がそのプレゼンテーションで示されるものを利用、応用できるのか、それによってどんなメリット（うれしいこと、よいこと）が得られるのか」ということです。聞いた結果、内容は理解できたとしても、それが自分にどう関わるのかという点がなければ、「だから何なの？」「自分には関係ないな」となってしまいます。

　留意すべきは、プレゼンテーションを聞きながら、聞き手がワクワクできるものを示せているか、ということです。

　そして、このプレゼンテーションが与えてくれる価値、うれしさこそが聞き手にとっては聞く理由であり、納得する理由にもなります。

　価値やうれしさが感じられなければ、「ふーん、頑張ったんだね」「よかったね」で終わってしまいます。それでは、聞き手から期待するアクションは得られません。

▶ win-win を目指そう

　このように、聞き手にメリットや価値を明確に示すことは、プレゼンテー

ションにおいて極めて重要なものであり、それができなければ、そのプレゼンテーションの存在そのものが否定されてしまいます。

　もちろん、その価値はプレゼンター視点だけで決まるものではなく、聞き手視点での価値も必要になります。この意味において、プレゼンテーションとは、「win-win」を目指すものであると言えます。

第 **3** 章

技術プレゼンを成功させる
事前準備

020 ▶ 段取り9割

▶ 本番は事前の準備で決まる！

　プレゼンテーションを考えるとき、多くの方はプレゼンテーションの本番をイメージするのではないでしょうか。確かに、「本番で決まる」という点は間違いなく、その意味で当然最初に頭に思い浮かぶのは本番の様子でしょう。

　しかし、いざプレゼンテーションが始まってしまえば、途中で間違いに気づいても、そこでどうにかできることは残念ながらそれほどありません。スライドをその場で変更したり、新たに作成することは当然不可能です。

　話す内容をその場で変えることもできないことはないのですが、聞き手に不自然さを感じさせることなく、かつ、プレゼンテーションとして成立させることは容易なことではありません。通常は、無理にトライして大怪我をすることになります。

　したがって、プレゼンテーションの内容、構成、スライドなどすべては準備されている必要があります。その場で何らかの対応や変更を余儀なくされるということは、事前の準備に不備があったことにほかなりません。

　例えば、必要な内容が含まれていない、逆に余計な内容が紛れ込んでいるなどの場合には、本番で躓くことになります。しかし、それはプレゼンテーションの本番に問題があったわけではなく、「適切な準備ができていなかった」ということです。また、スライドがうまく動作しないということも、事前のチェックができていなかったためです。

　また、「何か話しにくいな」と本番で感じることもあるでしょう。それも、構成が未完成であったために流れが滞り、話しにくいという状況を生んでいます。すなわち、準備が未完成だったということです。

▶ 質疑応答も予想できる！

　これは、質疑においても同様です。「質疑はその場での対応」と考えてし

まいがちですが、そうではありません。事前に質問を予想する、想定することでスムーズに回答することができます。

質疑対応で失敗するときは、まったくの想定外、予想もしなかったような質問が出たときです。しかし、事前準備で様々な状況を想像して、質問を想定しておくことができていれば何も問題はありません。もちろん、理想論を言えば、プレゼンテーションの中で十分に説明して、そもそも質問が出ないようにするということになります。

しかし、現実は限られた時間の中ですべてを詳細に説明することは困難なことが多いと言えます。また、初心者を想定して詳細な内容にすれば、ある程度分かっている聞き手にとってはストレスになります。もちろん逆も同様で、ある程度分かっている人に合わせれば、初心者は困惑することになります。

そんな時に、「本当はここまで説明したい。しかし、時間の関係でそこまで言及できない。なので、ひょっとするとこういう質問が出るかもしれない」と想定して準備しておけば、説明もスムーズに分かりやすくなります。

このような観点から、プレゼンテーションの成功は準備、すなわち、段取りで9割方決まると言えます（図3-1）。通常業務で多忙であったとしても、しっかりと準備することが重要です。

図3-1 ▶ 準備と本番

プレゼンテーション

本番

準備
（内容・構成・練習）

021 知→理→信で納得させる

▶ 自信のないところはすぐにバレる

　プレゼンテーションに限った話ではなく、日常会話も含めた様々なシチュエーションで、100％の自信を持って完全な知識として情報発信をしている方はいらっしゃるでしょうか。

　そのような方は稀有で、ほとんどの場合、どこかに自信がない、不安に感じる部分が含まれているのではないでしょうか。

　プレゼンテーションにも、きちんと確認していない情報、知識や経験不足、そして、推測などが含まれていることがあるでしょう。それ自体は、否定されるものではありません。これらのものは一切含まれてはならないとしてしまえば、何も言えなくなってしまいます。重要なことは、017 でも述べた通り、不完全であること、推測であることを明確に示すことがまず必要です。

　しかし、特に技術プレゼンテーションにおいては、客観性や論理性が求められます。推測に推測を重ねたり、調べればわかることを放置してうやむやのうちに終わらせてしまうことは避けなければなりません。

　また、そういったものをプレゼンテーションで話すとき、人は無意識のうちに話し方や仕草と言ったところに、自信の無さや後ろめたさが現れてしまいます。そして、聞き手は敏感にそういう兆候を感じ取ります。みなさんの中にも、「ここは突っ込まないでほしい」と思っている所に限って指摘されてしまったことがある方も少なくないのではないでしょうか。

▶ 話す内容の三つのレベル

　実は、話す内容には三つのレベルがあります。それは、「知っていること」「理解していること」「信じていること」です (図3-2)。「知っていること」とは、よく分からないけれど言葉としては知っている、どこかで見た、聞いたような気がするというレベルです。「理解していること」とは、知っているだけでなく理論、論理として分かっているというレベルです。そして、「信じていること」とは、理解している上で、自身の中でも「そうである」と確

信を持てることです。

　知っていることと理解していることの違いは比較的イメージしやすいかと思います。一方で、理解していることと信じていることの違いは少し分かりにくいかもしれません。説明や数式を見れば、「そうである」という風には思える、しかし、どこか腑に落ちない、どこかは明確ではないが気になる点がある、という経験があると思います。「腹落ちしない」という言い方をされることもあります。やはり、理解しているだけではダメで、腹落ちして自分のものになっている必要があります。

図 3-2 ▶ 知→理→信

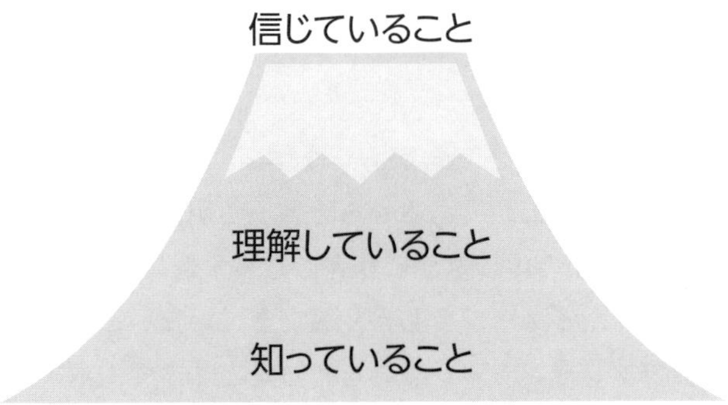

信じていること

理解していること

知っていること

　詐欺師やペテン師でもない限り、自分自身が信じられないことを人に信じさせることは困難です。先に述べたように、プレゼンテーションの中でどこかにそういう「匂い」が出てしまいます。特に技術屋さんはそういうことに鼻が利きます。だからこそ、知っているだけではダメで、理解しているだけでも足りず、自信を持って話をするためにはプレゼンター本人が信じられるレベルの内容でなければならないのです。

022 ▶ テーマを伝える

▶ まずは自分でテーマを理解しよう

　ここで改めて書くことではありませんが、プレゼンテーションは伝えたいことがあるから行います。伝えたいこと、すなわち、テーマ（主題）がどんなプレゼンテーションにも存在します。もしもそれがないとしたら、それはプレゼンテーションではありません。

　しかし、このテーマはプレゼンターの頭の中にあるものです。当然ながら他人の頭の中は覗くことができません。だからこそ、プレゼンテーションという形にして伝えるわけです。

　しかし、ここに大きな落とし穴があります。「テーマはプレゼンターの頭の中にある」と書きましたが、あるからと言って明確に認識できているとは限りません。テーマは頭の中に確かに存在はしますが、実際にはプレゼンター自身もボンヤリとしたイメージでしか認識できていないことが多いのです。そのような状況でプレゼンテーションを行ったところで、本人も明確に認識できていないのですから、聞き手がプレゼンテーションを聞いて理解できるわけがありません。

　したがって、プレゼンテーションを準備するにあたって、テーマを自己理解するところからスタートしなければなりません（図3-3）。

図 3-3 ▶ テーマの理解

ボンヤリした
イメージ　➡　自身が理解　➡　聴講者が理解

▶ 聴講者に伝える基本

ただし、「自己理解できればよい」というわけではありません。自己理解したとしても、多くの場合、テーマは「概念的」で「主観的」という側面を持っています。したがって、そのままでは相手に正確に伝わりません。そこで、プレゼンテーションの中で様々な説明のテクニックを使って表現していくことになります。例えば、具体化や詳細化、抽象化や置換と言ったテクニックが挙げられます。これらについては、別項で詳しく解説します。そうやって、伝えたいことを伝わる形にしていくことがプレゼンテーションの構成ということになります。

例えば、「コスト削減」というテーマがあったとします。しかし、ここで「テーマはコスト削減です」と言うだけでは当然ながら伝わりません。一口に「コスト削減」と言っても様々なレベルがあります。コスト削減のために業務プロセスを変えるレベルのものもあれば、日常の消耗品の購入を少し控えましょうというレベルもあります。

また、景気の低迷や競合の出現などのコスト削減の必要性を示す背景や、どの程度の削減が必要なのかというゴール、そして、プロセスの見直しやアウトソース活用などの具体的な提案といったことを説明していく中で、テーマを聞き手の中で腹落ちさせていきます。これが「テーマを伝える」ということです。

テーマは、プレゼンテーションのコアであり、これが伝わるかどうかでプレゼンテーションの正否が決まるものです。テーマを伝えることで具体的な行動へと導いていきます。これこそがプレゼンテーションであり、プレゼンテーションの役割です。

023 技術者は実はおしゃべり

▶頑張りを伝えたいが…

プレゼンテーションをするとき、誰もが思うのが「自分の努力、頑張りを知ってほしい、認めてほしい」ということです。特に技術プレゼンテーションにおいて報告する開発や実験というものは、必ずしも思うようには進まない、うまくいかないことも多いものです（見方によってはむしろ、上手くいかないことの方が多いとも）。

そのため、今回は思うような進捗はないけれど、「サボっていたわけではなく、必死で頑張りました」と伝えるために、そういった失敗の結果も盛り込みたいと考えます。また、技術プレゼンテーションでは必然的に専門的な内容やロジックが含まれるため、それらの説明も必要となります。

そんなとき、ついついより「分かりやすく」という親切心も手伝って冗長な説明になりがちです。そして、普段無口な技術屋も技術論を語る時には饒舌になります。

そうやって、「アレも言いたい」「コレも言いたい」という状態になります（図3-4）。

図 3-4 ▶ あれもこれも

　しかし、プレゼンテーションには現実の制約があります。それは、「持ち時間」です。全てのプレゼンテーションには与えられた時間があり、その中に収めなければなりません。持ち時間が過ぎてもプレゼンテーションが終わらないとどうなるでしょうか。聞き手は、時計ばかり見るようになり、関心は残りのスライド枚数、すなわち、いつ終わるのかばかり考えるようになります。そうなると、プレゼンテーションは頭に入ってきません。ただ、そんなことはプレゼンターも十分承知しています。

▶ 時間が足りなくなると、肝腎な話が端折られる

　しかし、アレもコレも抜きたくない、話したいから無理矢理押し込むことになります。そうなると当然時間が足りなくなります。そんな時にプレゼンターは決まって、早口で駆け足のプレゼンテーションになったり、急遽説明やスライドをカットしてしまいます。

　そもそも、そんなに簡単に本番でカットできるようなものなら、最初からカットしておけばよいだけです。それをしないために、本番でドタバタ劇が始まるのです。

　そして、そんな時大抵カットされるのはプレゼンテーションが佳境に差しかかった後半の最も重要な部分です。例えば、最も重要なものである「まとめ」を説明する時間がないからとスクリーンに映して終わりにするなどです。

　こんなプレゼンテーションで聞き手は理解できるでしょうか。一部の説明やスライドをカットするということは、その説明をしないということです。当然、その部分は理解できません。部分が理解できなければ全体が理解できるはずがありません。そうやって、プレゼンテーションが失敗するのです。

　先に述べたように、想像以上に技術屋さんは技術論を語るときは饒舌になります。予定していたこと以外のこともノッてきて話してしまうこともあります。しかし、どんな場合でも、与えられた持ち時間を守ることはプレゼンテーションを成功させる上で絶対条件です。

024 取捨選択の考え方と方法

▶ 情報の詰め込み過ぎに注意！

　与えられた持ち時間を守ることや、そのために無理やりに情報を詰め込まないようしなければならないことはすでに述べたとおりです。この「詰め込まないようにする」ことには、実はもう一つ、重要な意味があります。そこには、人の理解力の壁が関係しています。

　聖徳太子が一度に 10 人の話を聞けたという逸話は有名です（実際にはみなさんの想像するような 10 人に囲まれて同時に話しかけられるというシチュエーションではなかったとも言われていますが）。しかし、人の理解のキャパシティーには当然限界があります。あまりにも多くの情報を一度に与えられても処理できず、一部だけが取り込まれて、残りは弾かれることになります（図 3-5）。そうなると、言うまでもなく伝えたいことが伝わらないということになります。このような状況を生まないためにも、詰め込み過ぎないということが重要になります。

図 5 ▶ 理解のキャパシティー

▶ 取捨選択の基準は…

　さて、さきほど理解のキャパシティーを超えた情報は弾かれると書きましたが、それは順番に最初の方に得た情報から消されるのでしょうか、それと

も、後から得た情報が弾かれるのでしょうか。実はそのいずれでもありません。理想的には、補足的な重要度の低い情報が弾かれて、重要度の高い情報が選択されればよいのですが、現実にはそうはなりません。プレゼンターの考える重要度は関係なく取捨選択されます（図3-6）。

図3-6 ▶ 情報の取捨選択

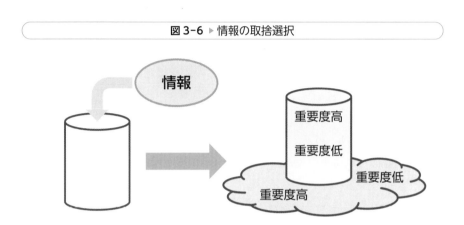

　では、何を基準に情報は取捨選択されるのでしょうか。それは、「聞き手の興味」です。言い換えれば、聞き手の独断で判断されるということです。したがって、プレゼンターにはコントロールできないということになります。大学で講義していると90分という時間はやはり苦痛なようで、学生の一部はスマホを触ったり、睡魔と格闘し始めます。そこで叱るという方法もあるのですが、数十人を超えるような講義では追いつきません。そこで、20〜30分ごとにいわゆる与太話をします。前日のテレビ番組の話、スマホのゲームの話、SNSの話題など様々です。そうすると、前述のような学生も耳をこちらに向けるのでその隙に講義を進めます。しかし、そんな努力をしても、講義後に学生たちに印象に残った話を聞くと、その与太話を上げたりします。まさしく、彼らの興味で取捨選択されているのです。

　したがって、プレゼンテーションを構成する段階から、必要なこと、絶対に伝えたいことだけを伝えるということを意識しなければなりません。極端な言い方をすれば、それら以外はノイズです。

論理構造の構築

▶ 情報の構造化

　プレゼンテーションを単なる情報の集合にしてはならないことは既に何度も述べているとおりです。特に技術プレゼンテーションにおいては、結果の羅列ではなく、「それらをどう解釈し、どのように意味を見いだしたのか」という論理構造が必須です。

　このような、個々の要素（ここでいう情報）を一つにすることを「全体の構造を形作る」という意味で「構造化」と呼びます。プレゼンテーションにおいてこの構造化は極めて重要であり、必須のものと言えます。

　ここでもう少し構造化について考えてみたいと思います。「プレゼンテーションはテーマを伝えるプロセスである」と説明しましたが、テーマはプレゼンターの頭の中のイメージでもあります。したがって、それをプレゼンテーションという形でアウトプットして聞き手に伝えることになります。

　このアウトプットの過程で具体化や詳細化などのさまざまな説明のテクニックを用います。そうやって、個々の情報を説明すると同時に、それらの関係性を示すことで全体像を構築します。それこそが構造化のプロセスということになります。

　すなわち、構造化とはプレゼンテーションに含まれる情報の関係性を整理することであり、その関係性が構造となります。そして、この構造こそがプレゼンテーションのストーリーでもあります。

▶ 図式化するためのツール

　ただ、プレゼンター本人と言えども自分の頭の中のイメージが明確に認識できていて、かつ、整理できているとは限りません。そのような情報の関係性を整理したいわけですが、相関や因果など、一口に「関係」と言っても様々なものがあります。その整理の最も基本的かつ重要な方法はそれらを図式化することです。そして、そんな時に使えるいくつかのツールがあるので紹介

します。

　一つ目は、「マインドマップ」です (図3-7)。頭の中の様々な情報の関係性を線でつなぐことで整理するものです。まずはコアとなる情報（通常はプレゼンテーションのテーマを一言で表現したもの）を中心に置き、そこから放射状に情報を整理していきます。このとき、情報の階層構造が形成されますが、それが因果などの関係性を現します。

図3-7 ▶ マインドマップ

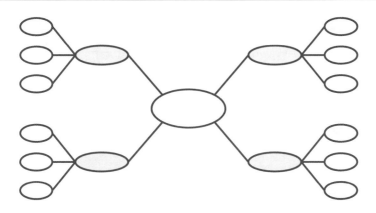

　二つ目は、「ロジックツリー」と呼ばれるもので、論理構造を整理するときに広く利用されているものです (図3-8)。こちらはマインドマップに比べて、より階層構造を明示的に表現しています。ロジックツリーのポイントは MECE（Mutually Exclusive and Collectively Exhaustive）と呼ばれるもので、「漏れなく、ダブリなく」という意味です。すなわち、対象（頂点）が最もシンプルに完全に説明されていることと言えます。

図 3-8 ▶ ロジックツリー

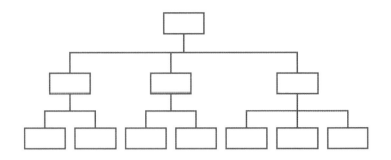

　三つ目は「特性要因図」または「フィッシュボーン」と呼ばれるものです（図3-9）。原因分析や課題解決などに使われます。中心の主軸（特性、結果、状況）とその要因の関係性を整理したものであり、いわゆる因果が整理されます。有名な「なぜなぜ分析」の図式化表現とも言えます。

　これら以外にも、「コーザリティーマップ」など様々なものがありますが、紙面の都合でここでは割愛します。

図 3-9 ▶ フィッシュボーン

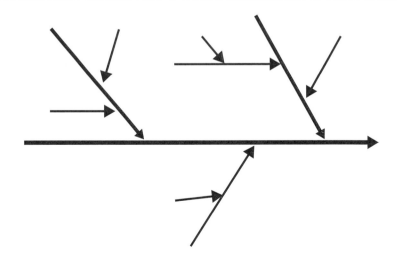

026 ▶ 技術論の基本は「３パート構成」

▶「全体概論」「本論（各論）」「結論」

プレゼンテーションの構造を、具体的にはどう形作っていけばよいのでしょうか。結論から言えば、バリエーションは無数にあるとも言えます。プレゼンテーションの数だけ構造がある、と言っても過言ではないでしょう。

しかし、それでは初心者はどうすればよいか分からないのではないでしょうか。そこで、ここではプレゼンテーションの構造バリエーションの基本となるものを紹介します。

すべてのプレゼンテーション、特に技術プレゼンテーションにおいて基本となる構造は「３パート構成」です（図3-10）。これは以下のような「全体概論」「本論（各論）」そして「結論」からなります。

- 全体概論：イントロダクションにあたる部分で、「何を目的としたどんなプレゼンテーションをするのか」を説明するパート
- 本論（各論）：個々の実験結果やその解釈の説明などプレゼンテーションが伝える情報の本体と言えるパート
- 結論：プレゼンテーションを締めくくる「答え」に相当するパート

▶「全体との関係」「論拠」「小結論」

続いて、本論の構造を見ていきましょう。本論は各論の集合になるわけですが、その各論もまたそれぞれが、「全体との関係」「論拠」「小結論」の以下のような３パート構成を基本とします。

- 全体との関係：この各論が全体の中でどのような位置づけ、意味を持っているのかを示すパート（各論のイントロダクション）
- 論拠：この各論における結論（解釈）を生み出す根拠となるデータや論理を示すパート
- 小結論：この各論における結論

となります。

したがって、プレゼンテーションの基本構造は複数の３パートからなる各

論によって構成された本論を含む3パート構成の入れ子構造が基本となります。

▶「全体との関係」を明確にしよう

ここで重要なことは、各論におけるイントロダクションに相当する「全体との関係」です。これが明確に示されていないと単なる情報の羅列になってしまいます。

この説明があるからこそ、その各論の結論に意味や意義が与えられます。まずは、この3パート構成をスタートとしてそれぞれのプレゼンテーションに合わせた構造を作り上げていきます。

図3-10 ▶ 技術論の基本は3パート構成

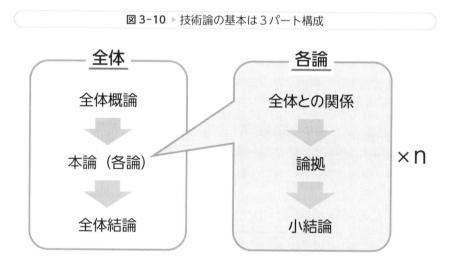

027 ▶ 起○○結?!

▶ 基本は「起承結」!

「ストーリー」と言えば、誰もが知る基本ストーリーは「起承転結」です。確かに、小説や漫画などの場合には、起承転結が基本と言えます。しかし、少なくとも業務におけるプレゼンテーション、特に技術プレゼンテーションで「転」は不要です。さらに言えば、転となるようなものが入っていると聞き手は混乱してしまいます。

したがって、プレゼンテーションにおける基本ストーリーは、「起承結」ということになります。そうです、まさしく 026 で説明した3パート構成です。したがって、3パート構成がプレゼンテーションの構造の基本となるのです。

起承結のそれぞれは言うまでもなく、

- 起：イントロダクション（全体概論）
- 承：本論
- 結：結論

となります（図3-11）。

▶ 結論から述べる「起結承結」

そして、この起承結を基本とした様々なストーリーバリエーションが存在します。例えば、「起結承結」というストーリーパターンがあります。これは、よく言われる「結論から述べる」というパターンに相当します。

ひょっとすると、結論からと言いながらなぜ「結起承結」とならないのかと疑問を持った方もいるかもしれません。それは、いくらなんでも何の説明もなく結論を言われても理解できないからです。やはり最低限の情報として、背景や目的などの情報をイントロダクション（起）として伝える必要があるため「結起承結」ではなく「起結承結」なのです。

▶「創」を加える

また、もう一つだけ例を挙げると、技術プレゼンテーションで典型的ストーリーの一つとなる「起結承創結」というパターンがあります。「創」とは"create"、すなわち「創造」の「創」という意味です。技術プレゼンテーションでは、必ず新たに創造された、生まれた情報を示すことになります。これこそが「創」に相当する部分です。

したがって、この「創」というパートは技術プレゼンテーションにおいて必須のものであり、あえて書く必要がない当たり前のものとも言えます。

しかし、逆にあえて明示的に意識することで、プレゼンテーションを構成していく中で、プレゼンター自身の中で何を創造したのかということを明確に認識できることになります。

そのような意味で、ここでは二つ目の例として「起結承創結」を挙げています。

もちろん、これら以外にも様々なストーリーバリエーションがありますが、ひとまずは、ここで挙げた例を基本パターンとしてみなさん独自のバリエーションを生み出してください。

図 3-11 ▶ 起〇〇結？

028 ▶ 台本の取り扱い

▶ 台本を作った方がいい？

　プレゼンテーションの準備は、ここまで説明してきた「テーマ」「構造化」「ストーリー」といったことを考えながら進めていくことになりますが、その中で台本を作成するケースがあります。しかし、この台本の扱いには注意が必要です。

　まず、台本を作成すること自体は否定されるものではありません。台本を作成することで、情報や自身の考えなどが整理できるという効果があります。また、ぶっつけ本番で話す場合に比較して、じっくりと考えて何度も検討を加えることになりますから完成度の向上も期待できます。

　ただし、前述の通り台本の作成は否定されるものではありませんが、推奨されたり、必須とされるものではありません。

　当然ながら、台本を作成するには手間も労力も時間も必要です。それによって時間が無くなり、プレゼンテーション自体の完成度に影響を与えては本末転倒です。

　したがって、経験を積む中で初期段階では台本を作成することも熟練度を上げるという意味で必要に応じて実施する程度として、いつまでも台本を作成するというのは避けるべきでしょう。

▶ 絶対に避けたい「本番で台本を読む」こと

　また、そうやって台本を作成した場合においても、本番でその「台本」を読むということはやってはいけません。御守り代わりに、もしもの時の保険として持参することは問題ありません。そうやって持っていることで安心できて、緊張や不安が和らぐのであればそれはそれで効果があると言えます。

　しかし、繰り返しますが読んではいけません。なぜ読んではいけないのか。それは、「読まないと話せない」ということは「頭の中に話すこと、ストーリーが入っていない」ということだからです。プレゼンテーションの本番で、ド

ラマのように一言一句決めた通りに話す必要があるかと言えば、もちろんそんなことはありません。言い方、言い回しはそのように厳格なものではなく、伝えたいことが伝わるように話せればよいのです。その意味でも台本を読むというのはおかしな話です。

そして何よりも、誰よりもそのプレゼンテーションの準備はもちろん、その内容のもとになった実験等に携わって時間を費やしてきたプレゼンター本人ですら頭に入らないものを、聞き手が一度聞いただけで理解できるわけがありません。この意味からも、台本を読んではならず、読まなければ話せないようなプレゼンテーションは準備不足であるということになります。

さらに言えば、仮に台本を読みながらプレゼンテーションを行っている途中で、突然誰かに質問されるなどして台本から目を離したために続きが話せなくなってしまうということも起こりえます。また、台本を読むということは目線が台本にくぎ付けになりますから、スライドのポイントを指し示すことも、聞き手を見ることも疎かになるという問題も生じます。

したがって、経験を積むまでは台本を作成しても問題ありませんが、いつまでも作成し続けるべきではなく、かつ、どのような場合でも本番で台本を読むことはやってはなりません。

第 **4** 章

技術を伝えるためのキーポイント

029 技術者が言いたいことと 聴講者が聞きたいこと

▶ プレゼンターと聴講者の「溝」

　プレゼンテーションはプレゼンターの伝えたいこと、伝えなければならないことを聞き手に伝えるものです。しかし、ここで注意が必要なのは、プレゼンターと聴講者の間の「溝」の存在です（図4-1）。

　プレゼンターの言いたいこと、伝えたいこと、そして、聴講者の聞きたいこと、知りたいこと、これらがマッチしていればプレゼンテーションは極めてスムーズに進められます。なぜなら、相手は「聞きたい」と思っているわけですから、多少分かりにくくても何とか理解しようと努力してくれます。しかし、マッチしていなければそのような努力は期待できず、分からないものは分からなままで放置されます。そんな状況では、プレゼンテーション成功への道のりは遠く険しいものとなります。

図4-1 ▶ プレゼンターと聴講者の溝

プレゼンター	聴講者
言いたいこと 伝えたいこと	聞きたいこと 知りたいこと

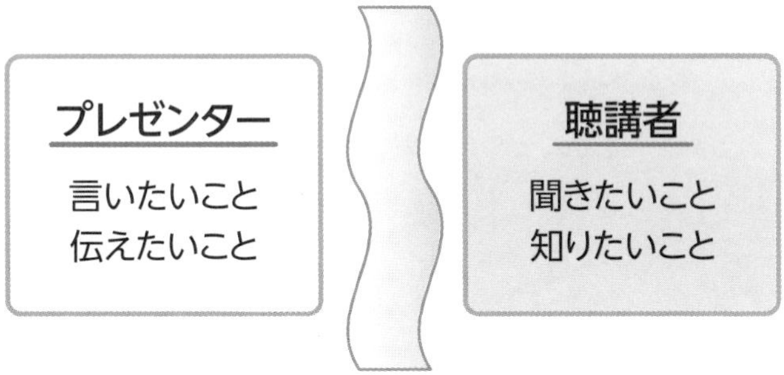

　業務の中でのプレゼンテーションに慣れてしまうと、「当然聞いてもらえる」「アドバイスを貰える」と考えてしまいがちです。これは、互いに業務、仕事であるという認識を前提としています。しかし、現実はそれほど単純ではありません。いくら仕事とは言え、聞きたくないこと、意味がないと思えることに正面から取り組むことは難しいものです。プレゼンテーションを成

功に導くためには、プレゼンターが自身と聴講者の間の「溝」の存在を認識し、それを埋める努力をしなければなりません。そして、その努力の主体は言うまでもなくプレゼンターです。業務であろうがなかろうが、「聞いてもらっている」という事実はどこまでも存在します。だからこそ、この溝を埋めるのは、プレゼンターの役割なのです。

▶ 大事なのは聴講者！

では、どうやって距離を縮めてその溝を埋めるのか。プレゼンター自身が言いたいこと、伝えたいことはすでに自明です。したがって、必要なことは「聴講者が何を聞きたいのか」「何が知りたいのか」ということです。聴講者は、結果だけを知りたいケースもあれば、詳細な進捗状況や実施内容が知りたいこともあるでしょう（図4-2）。プレゼンテーションを構成していく中では、そういったことを踏まえながら検討していかなければなりません。決して言いたいことだけを話しても伝わらないのです。

図 4-2 ▶ プレゼンターの想い

しかし、現実には、ほとんどのプレゼンテーションが「誰に話すのか」ということすら意識しないまま構成されています。そのため「聴講者が何を聞きたいと思っているか」など頭の片隅にもなく、自分の言いたいことを話してしまっています。これでは、溝が埋まるどころか、深まるばかりです。聴講者あってのプレゼンテーションだということを忘れてはいけません。

「キーパーソン」と「フォロワー」に注意を払う

▶ キーパーソンに注目しよう

通常のプレゼンテーションは聴講者が1人ということは基本的になく、複数の聴講者を相手に実施することになります。

例えば社内のプレゼンテーションでも、聴講者は、上司や同僚、後輩、はたまた他部署の関係者など様々です。そして、それぞれの聴講者はそれぞれの立場、思惑を持って参加しています。

したがって、029 で述べた「聞きたいこと」「知りたいこと」も様々であると言えます。そのため、現実的にはすべての聴講者に合わせることは不可能です。だからと言って、自分の言いたいことを言えばよいわけではないのは当然です。

ではどうすればよいかと言えば、よくも悪くも「企業というものは組織だ」ということを理解することです。そして、組織の中ではそれぞれの聴講者には役割があります。その中で、プレゼンテーションという意味において重要になるのは、決裁権限、決定権を持つ人たちです。多くの場合、直属の上司であったり、その上長であったりします。

いずれにしても、これらの人たちに否定されてしまえば、他の誰が何と言おうとそのプレゼンテーションは失敗に終わります。このような人達を「キーパーソン」呼びます。社外においても同様で、例えば学会報告であればその分野の権威や重鎮と呼ばれる人たちがこれにあたります。このような人たちが発表内容に異を唱えればたちまち雲行きが怪しくなります。

したがって、様々な聴講者の中でまず注目すべき、注意すべきはキーパーソンです。どのようなプレゼンテーションであっても、まず「キーパーソンは誰か」ということを考え、「その人が何を求めているのか」ということを想定しなければなりません。

▶ あなどれないフォロワー

　ただし、キーパーソンだけを見ていればよいかというと、ことはそれほど単純ではありません。特に新しい開発テーマの起案プレゼンテーションや予算審議の場などで見られることが多いのですが、決裁者であるキーパーソンがコメントを求める場面に遭遇したことがあるはずです。

　例えば、部長がキーパーソンではあるものの立場上詳細な技術論やその分野について担当者と同等には詳しくないことは珍しいことではありません。そんなとき、その分野に詳しい人や、課長層の人たちに「君はどう思う？」というような問いかけをします。問われた人がそこで肯定的なコメントをしてくれればよいのですが、逆に否定的にコメントをされてしまうと、途端に話の流れが厳しい方向に向いてしまいます。

　本人はそのようなつもりはなくても、場の空気は大きな影響を受けます。このような人たちはキーパーソンに対して「フォロワー」と呼びます。したがって、プレゼンテーションにおいてはキーパーソンだけではなくフォロワーにも注意を払う必要があります。

　このように、プレゼンテーションを構成していく中では様々な登場人物について検討していかなければなりません。プレゼンテーションの正否を最終的に決めるのは聴講者であり、その中のキーパーソンだということ、そして、そのキーパーソンの決定にはフォロワーが大きな影響力を持つということを忘れないでください。

031 認知バイアスという論理の宿敵

▶ 本人も気づかない認知バイアス

「バイアス」という言葉を聞いたことがある人は多いのではないでしょうか。日常業務の中でも、「バイアスのかかった見方をしている」というような言い方をしたりします。「認知バイアス」という心理学等で使われる言葉が省略されたものとされています。意味は、「先入観や思い込みといったもの、また、それらの影響を受けている状態」です。

例えば、「こんなことできるわけがない、無理だ」と言っている人に、その理由を問うても明確な説明がないようなとき、「できない」という認知バイアスに囚われてそう思い込んでいるだけで、実は方法があるかもしれない、という状況です。このように、認知バイアスに囚われてしまうと、思考は誤った方向に誘導され、間違った結論を導くことになります。そのため、特にサイエンス、技術の世界では、「エビデンスを示す」「事実に基づいて考える」「ゼロベース思考」などと言われます。これらは、「認知バイアスを排除しなさい」ということを言っているのです。

しかし、認知バイアスの怖いところは無意識のうちに強力に人の思考や判断に影響するということです。認知バイアスにはハロー効果、内集団バイアス、確証バイアス、楽観性バイアス、権威バイアスなど、様々なものがあります。ここでは詳しく説明しませんが、身近な「見る」「認識する」ということに関わる認知バイアスの例を紹介します。

「人は見たいものだけを見る」という性質を持っています。「駅や町中で知人とすれ違っても気づかなかった」という経験を持つ人は多いでしょう。例えば、通勤時間帯の品川駅や新宿駅などのコンコースですれ違ってもあれだけ人がいれば気づかなくて当然とも思ってしまいます。しかし、冷静に考えてみると、あれだけの人がいる中ですれ違っていてぶつからないわけですから、当然前を見て、前から来る人を見ているはずです。そこに知っている顔が現れれば気づくはずです。しかし、現実には気づきません。これは、「知

人とすれ違うはずがない」という思い込み（認知バイアス）があるため、見ようとしていない、すわなち、前から来る人が誰かを認識しようとしていないからです。同様のことが、データや情報についても言えます。「重」要な情報が目の前にあっても気づかない、「不都合な情報は無意識に無視するといったことが起こります。

また、逆に「人は見たいように見る」という性質も持っています。ノイズもピークと思えばピークに見えてくることはないでしょうか。都合の悪い結果が出たときも、「この結果はイレギュラーでちゃんとやれば大丈夫」と思ってしまったことはないでしょうか。このように、日常の様々な場面に認知バイアスは潜んでいます。

▶ 認知バイアスの存在を認識しよう

認知バイアスに囚われては、論理的、客観的に物事見て判断することができなくなります。認知バイアスは論理の宿敵なのです。「これで分かるはず」「これで完璧、大丈夫」それは単なる思い込みではないでしょうか。プレゼンテーションにおいても、「都合の良いことだけ、思い込みで構成していないか、話していないか」を立ち止まって考えなければなりません。

そして、プレゼンテーションにおいては、プレゼンターだけでなく、聴講者の認知バイアスも存在することも忘れてはいけません。プレゼンテーションをどのように理解し、受け取るか、それは聴講者に委ねられています。他人の意識をコントロールすることは容易ではありませんし、他人の認知バイアスを排除することはさらに困難です。だからこそ、プレゼンテーションは論理的、客観的、かつ、誰が聞いても理解できる明確さで、伝えたいことが伝えたいように伝わるものでなければなりません。人によって、状況でどうとでも受け取れるようなプレゼンテーションは認知バイアスの温床です。認知バイアスというものの存在を認識し、能動的、積極的に排除することを常に意識することが大切です。

技術価値の理解はイントロで決まる

▶ 実は難易度が高いイントロ

　プレゼンテーションは、「全体概論（イントロダクション）」「本論」「結論」の３パート構成が基本であると述べました。その中で、多くの方はやはり「本論」に注力されると思います。ボリュームも多く、努力の本体でもあるわけですから、そのようになるのは当然と言えば当然です。もちろん、それ自体は否定されることではありません。

　しかし、問題はその他の２パート、「全体概論」と「結論」がおざなりになってしまうことがあまりにも多いということです。本論で力尽き、時間を使い果たしてしまったということもあるかもしれません。また、そもそもきちんと考える対象という認識がないのかもしれません。しかし、それではプレゼンテーションは失敗します。プレゼンテーションはイントロダクションで決まるといっても過言ではないのです。

　学術論文を書いたことがある方は、イントロダクションは書きにくいな、面倒だな、こんなことを思ったことはないでしょうか。学術論文の一般的な構成は、Introduction、Experiments、Results&Discussion、Conclusion です。この中で Experiments、Results&Discussion、Conclusion は自分のしたこと、考えを述べるパートなので、論文を書くという段階においてはすでに内容は頭の中にあるはずで、あとはそれを文字にするだけと言えます。したがって、これらのパートはどんどんできあがっていくはずです（もちろん、細かなことを言えば文章化する、英語に訳すということは必要ですが）。

　しかし、Introduction のパートだけはこれらとは大きく異なります。通常、学術論文の Introduction パートでは、その研究分野の概論や先行研究について述べるとともに、それらと本論文の示す研究との関係性や位置づけを説明します。すなわち、その研究の意義や価値を示すのが Introduction パートです。したがって、ここでつまずけば研究の価値が否定されるということにつながりかねません。

　しかし、難しいのは Introduction での説明は基本的に自分のしたことではないことがほとんどだということです。そのため残りのパートのように書くことが難しいのです。なので、「イントロが書けたら論文はかけたようなものだ」というような言葉もあります。そんな難易度の高いパートですが、極めて重要なパートなのです。

▶ 普段はイントロを省くという選択も

　特に技術者、研究者は論文に慣れ親しんでいることもあり、かつ、通常は先行研究等がある中で「新しいことを行う」「生み出す」ということを常としています。したがって、プレゼンテーションにおいてもイントロダクションは極めて重要であり、「イントロで決まる」というようなことが言われるのです。

　もちろん、普段の業務におけるプレゼンテーションで学術論文や学会発表のようなイントロダクションが必要かというと、必ずしもそうではありません。また、毎回詳細なイントロダクションが必要かと言えばそうではありません。ほとんどの業務上のプレゼンテーションは継続した業務の報告であり、キックオフプレゼンテーションから始まり、中間報告プレゼンテーションが何度か行われ、最終報告プレゼンテーションが行われます。そんな中で、毎回詳細なイントロダクションを行っていては、同じことを何度も話すことになり時間の無駄であり、両者（プレゼンター、聴講者）のストレスでしかありません。

　したがって、例えば、キックオフプレゼンテーションでは詳細に、中間報告プレゼンテーションではごく簡単に、そして、最終報告プレゼンテーションではもう一度リマインドを兼ねて詳細にイントロダクションを行うというような方法をとることになります。

　いずれにしても重要なことは、イントロダクションの重要性を再認識して、「プレゼンテーションの成否はイントロダクションで決まる」ということを肝に銘じて、しっかりと作り込むことです。せっかくの成果、努力の本体である本論を活かすためにも、イントロダクションを大事にしてください。

033 技術報告のイントロ

▶ イントロに欠かせないもの

　プレゼンテーションの重要性を踏まえて、ここでは、実際にどのようなことをイントロダクションに含めればよいかについて考えていきます。

　032 で述べたように、学術論文であれば先行研究との関連性等を中心に述べるわけですが、業務で行うプレゼンテーションでもそれは必要ながら、学術論文とは異なるものが必要になります。厳密にはそれらが学術論文で不要というわけではありませんが、重要性に違いがあります。

　業務プレゼンテーションのイントロダクションで必須となるものは、「問題意識」「目的」「ゴール」の三つです（図4-3）。

　通常業務として行う技術プレゼンテーションは、新たな技術や商品の開発、問題解決を業務の中で実施することになります。例えば、「こんな商品や技術があればよいのに今はないから不便」という問題を解決するために技術開発を行います。また、「こんなトラブルが起きた」という問題を発端として問題解決が行われます。したがって、そこには何らかの「問題意識」が存在します。これをプレゼンテーションのイントロダクションで説明しなければなりません。

▶ 問題意識

　「問題意識」とは、「そこに問題が存在する」ということを認識することです。これがなければ、文字どおり何も問題はない、どうでもよいこと、やらなくてもよいこととなります。

　このように、プレゼンテーションにおいては、まずイントロダクションで問題意識を説明しなければなりません。そこで、共感を得ることができれば聴講者は自ら近づいてきてくれます。

▶ 目的

二つ目の「目的」は、「そもそも何のために、なぜこのようなことを行ったのか」という説明と言えます。前述の問題意識とも深くかかわりますが、「問題だ」ということが認識できることと、その問題に直ちに対処するかどうかは別です。「その問題に対処することにどんな意味があるのか」「なぜ対処するのか」といったことが重要になります。

言い換えれば、「何のために対処するのか」ということです。これが「目的」です。ここに共感を得られなければ、問題意識と同様に「不要なことの報告」と捉えられてしまいます。

▶ ゴール

そして、最後の「ゴール」は、文字どおり「どんな状態を目指して、何を実現しようとしているのか」ということです。

あまりにも低すぎるゴールでは最初から取り組む意味がありません。一方で、むやみに高すぎるゴールはリスクが大きすぎます。そういったボタンの掛け違いを防ぐためにも、「目的の共有」はイントロダクションの重要な役割です。そうすることで「ベクトルを合わせる」という効果も得られ、本論の受け取り方も合わせることができます。

少なくとも、これらのことをプレゼンターと聴講者の間で共有してコンセンサスを得ることが、プレゼンテーションを成功に導くために必要となります。その役割を担っているのがイントロダクションなのです。

図4-3 ▶ イントロダクションの3要素

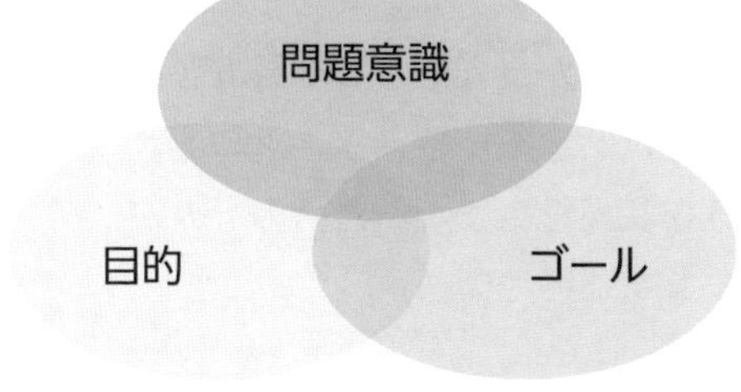

問題意識

目的　　　　ゴール

034 二つのイントロと要素

▶ プレゼン自体のイントロ「アジェンダ」

「二つのイントロ」という言葉に違和感を覚えた方もいらっしゃるかもしれません。もちろん、「イントロダクション」と呼ばれるセクションはプレゼンテーションの中に一つです。一方で、そのイントロダクションの中身、役割ということになると二つの意味があります。それは、「プレゼンテーション自体のイントロダクション」と「内容のイントロダクション」です（図4-4）。

図4-4 ▶ 2つのイントロダクション

「プレゼンテーション自体のイントロダクション」とは、いわゆる「アジェンダ」と呼ばれるもので、目次に相当し、「このプレゼンテーションでは、これからどんなことをどんな順番で話すのか」ということを聴講者に知らせるためのものです。これによって、聴講者は聞く準備ができ、記憶の引き出しを開けてプレゼンテーションを理解するための知識や情報をあらかじめスタンバイすることができます。また、どこに注目するかや興味をそそられるところを想定しながらプレゼンテーションを聞くことができます。

話の流れがあらかじめ分かっていると理解も容易ですが、次に何が飛び出すか分からない状況では話に集中できず、話の流れ（ストーリー）も理解できません。そのような状況を生まないためのものが、プレゼンテーション自体のイントロダクションなのです。

▶内容のイントロ

そして、「内容のイントロダクション」は、文字どおりプレゼンテーションの内容、すなわち、報告内容、実施したことのイントロダクションです。これらが、 032 033 で述べたいわゆるイントロダクションとして定義されるものです。

この内容のイントロダクションで、先に述べた問題意識、目的、ゴールといったことを説明します。そこには、もちろん背景や前提といったものも含まれます。

▶イントロを構成するということ

これら二つのイントロダクションが一体となって、プレゼンテーションのイントロダクションを構成します。このように考えると、イントロダクションを構成することがいかに難しいかということが分かるかと思います。そして、もちろんその重要性も自明でしょう。

しかし、残念ながら現実にはイントロダクションは「おまけ」のような扱いを受けており、十分にその役割を担えていません。

もちろん、過度にイントロダクションの構成に時間や労力を割く必要はありません。また、イントロダクションに割り当てられるプレゼンテーションの発表時間はごく限られたものでもあります。

だからこそ、イントロダクションとはどのようなものなのか、そして、どのような役割のものなのかということをしっかりと認識して、イントロダクションを構成するスキルを磨く必要があるのです。

ぜひ、この機会にこれまでのプレゼンテーションのイントロダクションを見直していただき、改善へとつなげてください。

035 「論理」と「意思」の葛藤

　技術者に限らずとも、「社会人たるもの感情で物事を判断したり行動してはいけない」「事実に基づいて論理的、客観的でなければならない」ということは誰もが頭ではわかっています。しかし、人間はそれほど単純ではありません。

　人には感情や意思があります。よくも悪くも、人の思考や判断、行動は感情や意思の影響を受けます（ 008 も参照）。例えば、プレゼンテーションを聞いて頭では「そうだ」ということは理解できていても、納得できない、受け入れらないということが起こります。「確かに、その提案のとおりにやるのが理想的だということは分かる、しかし、実際にやるとなれば話は別だ」という状況です。

　そして、人間関係というものも現実には影響してきます（ 007 も参照）。「言っていることは間違っていないことは分かっている、しかし、彼とは一緒にやりたくない」「彼の言うとおりにはしたくない」というような状況もあります。こうなると、いくら理路整然と説明したところでどうにもなりません。

　このような、人が人たる部分としての感情や意思というものの存在も、プレゼンテーションを行う上では認識しておかなければなければなりません。いかに、事実とロジックで成立する技術プレゼンテーションだと言えども、

図4-5 ▶ 共感の重要性

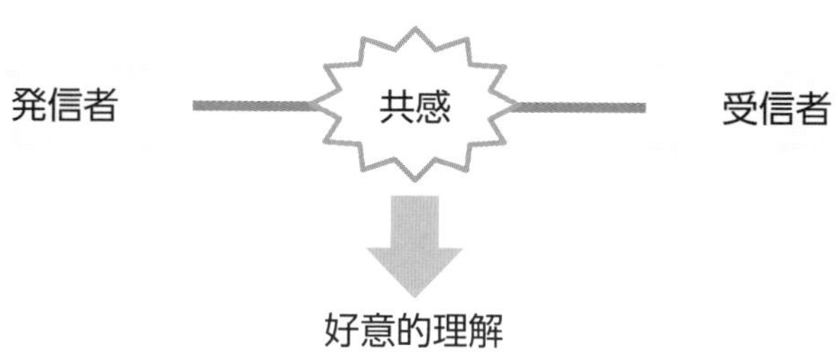

発信者 ━━━━ 共感 ━━━━ 受信者

好意的理解

最後は「人」です。そこで重要となるのが「共感」です。共感を得ることで、「この人の言っていることは信用できる」「この人に協力しよう」という感情が生まれます。そして、好意的な理解を得ることができるのです（図4-5）。

　では、どのようにして共感を得ればよいのでしょうか。安易に相手に迎合すればよいわけでも、イエスマンになればよいわけでもないことは当然です。
　いくつかのテクニックがありますが、その一つに「イエスセット」と呼ばれるものがあります。これは、「相手が知っていることや受け入れやすいこと、同意しやすいことからスタートする」という手法です。当然、このような話題には相手は、「そうだね」「そのとおり」とイエスの応答をします。そうすると、相手は、「この人は自分と同じ考えを持っている人だ」「自分と同じ側の人だ」と感じるようになります。そして、さらに「自分のことを分かってくれる」「分かってくれている」という意識が生まれてきます。これらが、共感へとつながっていきます。逆に、とてもすぐには「イエス」とは言えない、思えないことをいきなり話されれば、「この人は自分とは違う」「合わない人だ」「自分のことを理解しない人だ」という感情が生まれます。そうなると、無意識のうちにその後に続く話を否定的に捉えるようになってしまいます。

　したがって、プレゼンテーションを構成する、実施するという中では相手の共感を得ることも意識することが求められます。いきなり持論をぶちまけて反感を買うようなことをしてしまえば、たとえ素晴らしい結果であっても色眼鏡を通して見られてしまいます。聴講者を味方にしてこそ、プレゼンテーションは成功します。

036 ▶ 専門用語の壁

▶ 専門用語に要注意！

010 でも述べましたが、技術の世界に限らず、どの分野にも特有の専門用語が存在します。その分野に属する人達にとっては、当たり前に誰もが知っていて、日常的に使っている言葉です。しかし、それ以外の人達にとっては未知の言語に等しいと言えます。

例えば、「ベベル」、「オリフラ」、「ダミーウェハ」という言葉があります。実は、これらは半導体分野で日常的に使用される用語です。しかし、専門外の方にしてみれば、ベベル、オリフラはその意味を全く想像もできないでしょうし、ダミーウェハにいたっては「ダミー？　偽物？　偽物のウェハって何？」と思うかもしれません。

▶ 混乱する聴講者

このような言葉がいきなりプレゼンテーションの中に出てきて、何の説明もないまま連発されるとどうなるでしょうか。

当然、聴講者の頭の中は「？？？？？」となります。「分からなければ聞けばよい」と言えばそこまでですが、用語の意味をいちいち聞いていては話が進みません。そして、何よりプレゼンテーションが頭に入ってきません。

意味の分からない言葉が出てきたら、当然聴講者は「どういう意味だろう」と考えます。スマホ等で調べる人もいるかもしれません。その時、聴講者の意識はプレゼンテーションから離れます。しかし、プレゼンテーションは止まりません（図4-6）。そうなると、プレゼンテーションについていけなくなり、「理解できない、よく分からないプレゼンテーションだっだ」と判断されてします。

しかし、やっかいなことは、プレゼンターは日常的に、当たり前にその用語を使っているため、「説明が必要なものである」という認識に至りません。いつも通り、当たり前に使ってしまいます。

特に技術プレゼンテーションにおいては多くの専門用語が使われることになるので、注意が必要です。

図 4-6 ▶ ストーリーの断絶

▶ スケール感にも壁がある

　実は、専門用語以外にも「言葉の壁」が存在します。

　例えば、「数個の異物が確認されました」というような表現をよく耳にします。

　言っている方も、聞いている方も何となく分かったような気になってしまいますが、「数個」とはどれほどの数なのでしょうか。2、3個でしょうか、それとも、5、6個、いや7、8個なのでしょうか。2個と8個では大きな違いではないでしょうか。しかし、それを明確にせずに数個という言葉で終わらせてしまっています。

　また、「値Aは値Bより大きい」というような表現もよく使われます。

　大きいとは、どれぐらい大きいのでしょうか。2倍でしょうか、10倍でしょうか。例えば、こういったスケール感というものも言葉の壁、理解の壁となります。

　サイエンス、技術の世界は客観的でなければなりません。専門用語、スケール感など、混乱や疑問、誤解を生むような表現は厳に慎まなければなりません。そうすることで、正確に情報や意味、意図を伝えることができるのです。

　ただ、先にも述べたとおり、日常的に当たり前に使っている言葉だからこそ、しっかりと意識するということが大切です。

037 ▶ 「情報」の構成と条件

▶ 結果にはプロセスも必要！

　プレゼンテーションで扱われる「情報」といえば、実験結果や調査結果などがすぐに頭に思い浮かぶかと思います。しかし、ここでいう情報は、厳密な意味で言うとこれらだけでは不十分なのです。本当の意味での「情報」とは、結果だけでなく、その結果を生み出す「前提（プロセス）」も含んでいなければなりません（図4-7）。

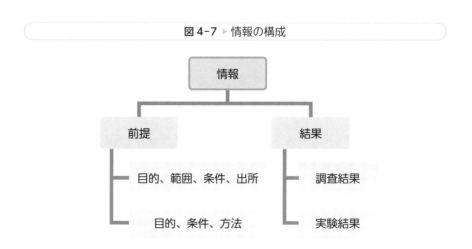

図4-7 ▶ 情報の構成

▶ 調査結果と実験結果

　例えば、調査結果であれば、どのような目的で、どのような範囲を、どんな条件で調査して得たものなのか、そして、その出所が前提の例として挙げられます。目的が分からなければ、調査結果だけを示されても、それをどのように見ればよいのかが分かりません。また、インターネットの時代ということもあり、調査範囲は無限とも言えます。

　しかし、現実にはある範囲だけ、例えば、「過去10年間の特許を調査する」というように、特定の範囲を対象とすることになります。したがって、網羅性、抜け漏れの扱いという点において、調査範囲が分からなければ示された

調査結果に対する判断ができません。

　同様に、調査条件もその結果を判断する上で重要なものとなります。検索したとしても、「どういうキーワードを用いたのか」「検索条件はどうしたのか」などです。

　そして、「最終的にどこからその結果としたものを得たのか」ということも重要です。例えば、前述の特許や学術論文であれば一定の信頼度がありますが、「誰が書いたかよく分からないインターネットのHPに書いてありました」では困ります。

　また、実験結果であれば、「どのような目的で、どのような条件、方法で得た実験結果なのか」ということが必要不可欠です。それによって、その結果を採用してよいかという判断ができます。例えば、n = 1の実験結果なのか、それともn = 10の実験結果なのかでは信頼度が異なります。

　また、その実験方法の妥当性を検証する上で、方法自体はもちろん、その方法はどのようにして生み出されたのかということも重要です。既報の論文等を参考にしたのか、それとも社内資料なのか、はたまた思いつきでとりあえずやってみたのかでは大きな違いです。

　このように、本来「情報」とは結果だけではなく、その前提、プロセスがセットになっている必要があります。ところが、現実には結果だけになってしまっているケースが散見されます。そして、聞いている方もそれで満足してしまっています。

　もちろん、発表者を信頼しているということかも知れず、それはそれでよいこととも言えますが、「サイエンス」という観点では問題があります。恣意的に誤魔化すということはもってのほかですが、本人も気づいていない間違いや勘違いというものは存在します。

　そういったものをチェックする意味でも、「"情報"は結果と前提がセットで成立するものだ」ということを改めて認識する必要があります。

038 ▶ 実験結果から入らない

▶ イントロがないと、人は好き勝手な想像をする

　イントロダクションの重要性については既に述べていますが、そのことも踏まえた上で、重要なことは「いかにして聴講者が理解しやすいようにプレゼンテーションを行うか」という至極当然のことです。

　ところが、現実にはイントロダクションもそこそこで、「何のためのどういうものなのか」という説明もほとんどなく、いきなり実験結果の話が始まるというケースが見られます。これでは、聞いている方は混乱して当然です。

　さて、この図形の名称は何でしょうか（図4-8）。

> 図4-8 ▶ さて、この図形は？

───────────────────────────────

　一見すると直線ですが、「このように聞かれているのだからそんな単純な答えではないはずだ」と考えたと思います。特に、技術屋は（私も含めて）疑り深いですからなおのことです。もちろん、その通りです。そして、この図について色々なことを想像をしたと思います。

　実は、これは非常に大きな横長の楕円の、最も湾曲していない部分を抜き出したものです。印刷の都合で分かりにくいかもしれませんが、よく見ると少し湾曲が見えるはずです。と、このように種明かしをされてから見ると、そのように、すなわち、湾曲しているように見えてくるのが不思議です。これが、人のものの見方なのです。何の説明もなしに情報を与えられると、混乱するとともに、好き勝手に解釈を始めます。

　人は情報に接するとき、様々な予想をしながらその情報を受け取っていきます。その中で、「持っている知識」「過去の経験」という記憶の引き出しを開けていきます。すなわち、「何が言いたいのか」「これからどんな流れになるのか」を予想することで理解する準備をします。逆に言えば予想

しにくく、何を言おうとしているのかという話の流れが読めない、理解に苦しむ、理解できない状態になってしまいます。

　外国語のリスニングが苦手という方も多いと思いますが、これも実は同様の影響を受けています。日本語だと相当早口で話されて、一部聞き取れないとしても言いたいことは理解できたりします。

　しかし、日本語ではそうであっても、これが外国語だと単語一つ聞き取れなかっただけで理解できない場合があります。それは、慣れ親しんだ言語は文法も言い回しも身についているので無意識のうちに予想して補完しているのです。しかし、得意ではない外国語の場合はそれができないので、一言一句が必要になるのです。

　プレゼンテーションも同じです。言語こそ日本語ですが、内容は初めて聞くわけですから外国語のようなものです。

▶ まずはゴールの説明をしよう

　本項目の冒頭で述べたように、細部から話を始めてしまうと、聴講者は想像（「妄想」と言えるかもしれません）で思考が発散して混乱してきます。しかし、最初に「どんな話なのか」「どういうことをゴールとしているのか」というプレゼンテーションのテーマや目的、ゴールを説明されれば、すべての情報をそこにつなげていきながら聞くことができます。

　話の流れ、プレゼンテーションのストーリーは全体から細部への流れを必要とします。実はこれこそが「構造化」なのです。プレゼンターは、聴講者を迷子にしないように、イントロダクションを活用しながら導いていかなければなりません。

039 ▶ そして、神は細部に宿る

▶ もちろん中身が大事だが…

　プレゼンテーションの中には、デザインに凝っていたり、派手なアニメーションがあったりと、一瞬目を奪われるものがあります。一つひとつアニメーションで出てくる情報、スライドの切り替えでクルクルとスクリーン上を回転して踊りながら現れるスライドなどです。

　もちろん、そういったものを否定するわけではありません。ただ、得てしてそういうプレゼンテーションに限って、中身が伴っていないこともしばしばです。そうなると、聴講者は思います。「そんなところに時間を使っている暇があったらもっと中身の完成度を上げなさい」これでは本末転倒です。

　したがって、過度なデザイン性やアニメーションは逆効果を生むということも理解しておく必要があります。

　ただし、「神は細部に宿る」という言葉もあります。たしかに、前述のように不必要に手間をかける必要はありませんが、細部の描写にも気を配ることは必要です。例えば、スライドが下記の図4-9のようになっていたらどう感じるでしょうか。文字がズレているからといって内容に影響を与えるわけではありません。しかし、見ている人は「いい加減だな」と感じることは間違いないでしょう。そういうことが重なると、「内容自体も大丈夫だろうか」という疑念がどんどん生まれてきます。

図 4-9 ▶ 細部の乱れ

　ファーストインプレッションの影響は想像以上に大きいものです。先の例で言えば、スライドごとのテキストの配置を揃えるだけで印象は大き

く変わります（図4-10）。そして、その操作もごく簡単なもので、2, 3のステップで完了します。このわずかな手間で全体の印象が向上するのであれば、十分に価値のあるものと言えます。

図 4-10 ▶ 整列の効果

▶ スライドの使いまわしに注意！

　また、類似のことでよくあるパターンとして、「スライドの使いまわし」というものがあります。経験豊富な方などに多く見られるのですが、あちらこちらでいろいろと講演を頼まれる中で、多くのスライドが蓄積されていきます。そのため、毎回ゼロからスライド準備せずに、すでに作ってあるものを流用するようになります。流用自体は問題ではないのですが、個別のプレゼンテーションのスライド寄せ集めるだけの「パッチワーク」をするケースがあります。そうなると、スライドの統一感が崩れることになります。

　時には、何枚かのスライドだけ英語になっているような場合もあります（おそらく国際会議で使用したものなのでしょう）。内容に間違いがあるわけではなく、必要な情報は説明されています。しかし、聴講者はどう感じるでしょうか。すぐに使いまわしだということに気づきます。そして、「スライドを作り直すという手間を惜しんで手を抜いたな」と感じるのではないでしょうか。こんな状況で、先に述べた共感を得ることが容易にできるでしょうか。

　過度に労力や時間をかける必要はありませんが、必要な手間を惜しまず、きちんと必要なことを行うということが大切です。

040 サイエンスはファクトで語る

▶ 「事実」と「考え」の足し算

　プレゼンテーションに嘘や偽り、誤魔化しがあってはならないことは言うまでもありません。特に技術プレゼンテーションは、事実に基づいて構成されていなければならないことは言うまでもありません。

　ただし、「事実のみでなければならない」というわけではありません。事実とは、実際に起こったこと、現実に存在することであり、「確定されたもの」と言うことができます。それだけしかプレゼンテーションに含めることが許されないとしたら、プレゼンテーションを行うことは極めて困難です。

　妄想ではダメですが、仮説や推論といった「考え」は研究開発、サイエンスの世界では必要不可欠であり、これによって歩を進めていくとも言えます。

　したがって、プレゼンテーションは、

　プレゼンテーション＝事実＋考え

と表現できます。そして、事実はプレゼンターの考えを支える、妥当性や正当性を与えるものでもあります。

　すなわち、プレゼンテーションは主体となる事実と、それに基づく考えで構成されるということになります。

▶ どちらかだけのプレゼン

　稀に、考えを主体としたプレゼンテーションというものも存在します。あまり馴染みはないかもしれませんが、哲学系の内容のものや思想を示すものなどが例として挙げられます。こういったプレゼンテーションは、もちろん間違いではありません。

　ただし、聴講者に受け入れてもらうためには、極めて高度なロジックやストーリーが要求される難易度の高いものと言えます。一方で、技術プレゼンテーションは考えだけでは受け入れられません。必ず、客観的事実が要求され、考えも含めて全てがそれに基づいて構成されていなければなりません。

「サイエンスはデータで語れ」とよく言われます。これはまさしく、データという事実に基づいて示しなさいということです。

逆に、「考え」が一切なく、「事実」だけで構成されたプレゼンテーションというものもあります。もちろん、これも否定されるものではありません。情報共有や指示の伝達などといった場合には、考えを入れることは避けなければなりません。

例えば、社長の指示を伝えるプレゼンテーションで、プレゼンターが「社長はこう言っていますが、間違いなので無視しても問題ありません」などと言ったら大変なことになります。しかし、通常の業務で行われるプレゼンテーションや技術プレゼンテーションでは、事実だけでは済まず、「考え」も求められることは言うまでもあり。

ちなみに「事実が大事」だからといって「データを示せばよい」というわけではありません。そのデータが事実であると認められなければなりません。そこで重要となるのが、 037 で述べた、情報の構成における「前提」となるわけです。これによって妥当性や正当性を示し、その情報を事実として示していきます。

仮にプレゼンターが、ノーベル賞を取るようなその分野の権威であれば、「その人が言った」ということが事実の根拠になってしまうこともありますが、通常はそのようなことはありません。自らと隔離した客観的事実が必要です。

▶ 客観性をどう示すか?

客観性の示し方には、様々な方法があります。まずは、前述のように「その情報を得たプロセスをもって客観性を示す」というのが基本になります。また、「定理や定義となっているものを適用する」という方法もよいでしょう。「既に認知されたこと、例えば論文や特許といったものを引用する」という方法もあります。

何もすべてを自分で解決する必要はなく、使えるものは上手に利用して主張を組み立てていけばよいだけです。そうやって、客観性を積み上げて、考えの妥当性、正当性を示していきます。

「まずはファクトで語る」それがプレゼンテーションの基盤であり、特に技術プレゼンテーションにおいては必須のことです。

そして、すでに 017 で述べた事実と考えの切り分けを明確にするということも忘れてはいけません。せっかく事実をベースにプレゼンテーションを構成しても、この切り分けができていなければ誤解や不信感を生むだけです。

「ファクトは何か」「考えは何か」まずはプレゼンターがそれを明確に認識し、それに基づいてプレゼンテーションを構成していかなければなりません。そうすることで、「プレゼンテーションの主張を受け入れることが当然である」という土壌ができあがっていきます。

誰しもそうですが、主張だけされても受け入れることはできません。

第 **5** 章

技術・論理が伝わる構成と
伝え方のテクニック

041 ▶ 代表的技術プレゼンテーションのストーリー構成

▶ 時系列であればよいとは限らない

プレゼンテーションに必須のストーリーは、構成要素とその流れ（順番）で構成されます。

小説であれば、登場人物や背景と時間軸ということになります。しかし、プレゼンテーションのストーリーは、例えば必ずしも時系列であればよいわけではありません。なぜなら、現実には紆余曲折があり、「上手くいかない」「これはダメだと」いうことも起こるからです。そんなものをすべて時系列に説明すれば混乱を招くだけです。

このように、ストーリー構成は一筋縄ではいかず、そのため多くの方が悩みの種と感じています。

ここでは、まず「構成（要素のバランス）」について考えたいと思います。様々なプレゼンテーションがあり、それぞれに構成があるため、ここで全ては取り上げられないので、先に述べた代表的3大プレゼンテーションである「結果型」「教育型」「承認型」について述べたいと思います。

▶ 「伝聞型」と「報告型」

「結果型プレゼンテーション」は、さらに「伝聞型」と「報告型」に分かれることは 005 ですでに述べたとおりです。

それぞれの構成を図示すると、図5-1のようなものが基本となります。

図 5-1 ▶ 結果型プレゼンテーションの構成

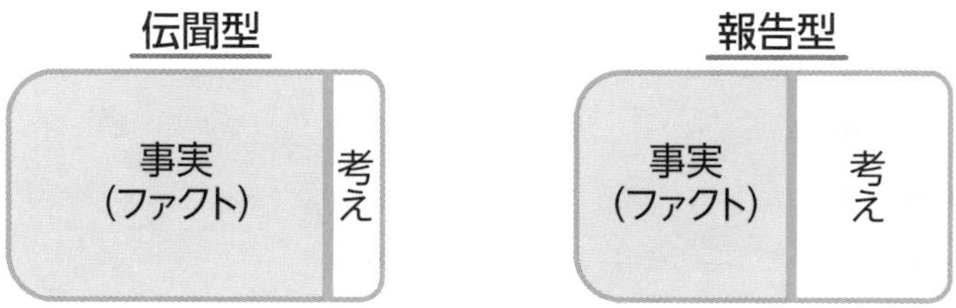

伝聞型	報告型
事実（ファクト）／考え	事実（ファクト）／考え

いずれの場合も、結果型の場合には事実（ファクト）を中心と述べることになります。しかし、両者の構成には若干の違いがあります。

伝聞型は先の説明の通りプレゼンターの考え等は含まず、事実のみで構成されるのが基本です。図において、伝聞型にも「考え」の項目がわずかに含まれているのは、補足説明等に相当するもので、「純粋な伝書鳩に厳密に限定されるものではない」という意味です。ただし、その割合は必要最低限で、かつ、持論を述べるものではないということは言うまでもありません。

一方で、報告型は考えの割合が大きくなります。これもすでに述べた通り、報告とは報告者の考えを含むものであることによります。そして、もう一つ忘れてはならない重要なことは「事実と考えの区切りを明確する」ということです。

▶ 教育型

教育型のプレゼンテーションは、（図5-2）に示すような構成が基本となります。ここで重要なことは、単に手順やルールといった情報（ファクト）だけではなく、考え方（logic）がその構成に含まれるということです。

教育とは、そもそも「自分で考えてできるようになること」を目的としたものです。にもかかわらず、情報をだけを伝えると、「なぜそのようにしなければならないのか」といったことが理解できません。その結果、「言われたことを言われたとおりにはできるが、トラブルへの対応や応用、発展ができない」という事態を生みます。

そのようにならないために、考え方が必ず構成に含まれていなければならないのです。

図5-2 ▶ 教育型プレゼンテーションの構成

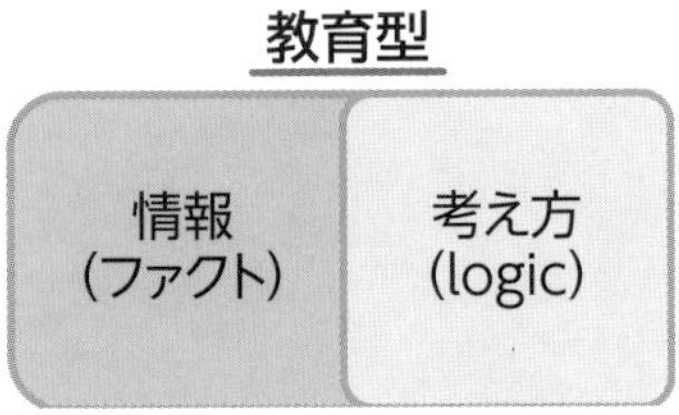

教育型

| 情報
（ファクト） | 考え方
（logic） |

▶ 承認型

承認型は少々複雑で、図5-3のような構成を基本とします。

事実に基づいて「論拠」を持って論理的に提案すること、そして、承認することでどのような良いこと（「うれしさ」）があるのかを示さなければならなりません。

もう一つ残っている「思い」とは、言い換えれば「提案者の情熱」です。「困難に打ち勝って何としてもやり遂げる」「どうしてもチャレンジしたい」という熱意は、主役ではありませんが重要なバイプレーヤー、スパイスとなります。

図 5-3 ▶ 教育型プレゼンテーションの構成

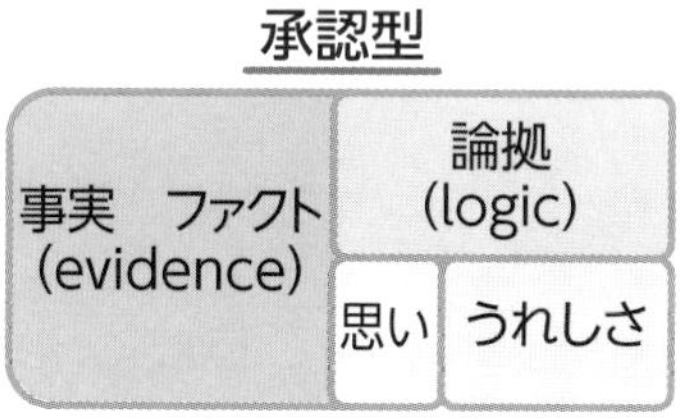

承認型

事実　ファクト (evidence)	論拠 (logic)	
	思い	うれしさ

042 ▶ どうやって思考プロセスを共有するか

▶「自分の考えを伝える」ということ

プレゼンテーションを構成する中で、特に技術プレゼンテーションの構成において頭を悩ませるのが、「どのようにして自分の考えを伝えるか」ということです。もしもプレゼンテーションが結果や結論だけ、情報のみで構成できるのであれば、こういった悩みは生まれません。ただ、それで成立するのであれば、プレゼンテーションという形を選択する必要はなく、資料だけで十分ということになります。また、結果や結論だけを伝えられても、通常、聴講者はプレゼンターの考えは理解できません。そのため、ロジックや論拠といったものを伝える必要があります。

では、どのようにして自らの考えを伝えるかということになりますが、これは言い換えれば「思考プロセスを共有する」と表現できます。すなわち、「何をもとにして、どのように考えて、その結論になったのか」を説明するということです。これを聞けば、聞き手もその思考プロセスを自分の頭の中でシミュレートしてトレースすることができます。それによって、理解でき、かつ、検証することができます。

例えば、トラブル対策のプレゼンテーションであれば、「どのような問題（状況）に対して、どのような原因究明を行い、それに基づいてどのように対策を考えたのか、そしてどうそれを検証し、どう結論したのか」といったことです（図5-4）。これらを伝えることが、思考プロセスを共有するということです。そして、この思考プロセスこそがプレゼンテーションのストーリーの骨格（背骨）となるのです。

図5-4 ▶ 伝えるべき思考プロセスの例

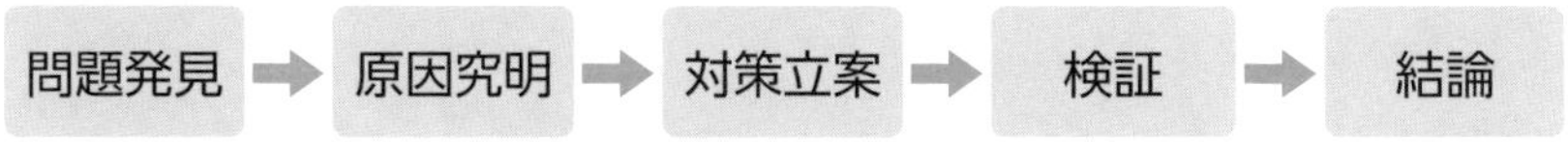

問題発見 ➡ 原因究明 ➡ 対策立案 ➡ 検証 ➡ 結論

▶ 結果と結論をつなぐロジック

　また、「考えそのもの」とも言えるロジックは技術プレゼンテーションの構成要素の主役の一つであり、最も重要なものです。技術プレゼンテーションとは、極論すれば「結果を結論へと昇華させるもの」であると言えます。しかし、現実には結果と結論の間には大きな溝があります。そのため、聴講者は「プレゼンターの考え方を聞かなければこの溝を超えられず理解できない」という状況に陥ります。そこで、この溝を繋ぐために必要となるのがロジック（考え方）なのです（図5-5）。ここにしっかりとしロジックが組まれていないと、そして、そのロジックが示されないと、聴講者は結果から対岸の結論に進むことができず谷底に落ちることになってしまいます。

図 5-5 ▶ 結論へのプロセス

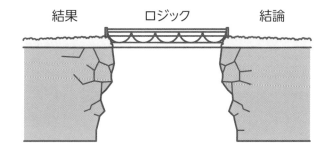

結果　　　　　　　ロジック　　　　　　結論

　このように重要な思考プロセスですが、実際に共有しようとするとプレゼンターは「難しい」と感じます。しかし、これは客観的に見ればおかしなことで、プレゼンターはある考えのもとに結論を導いているため、ロジック（考え）は存在するはずです。にもかかわらず、なぜ難しいのでしょうか。それは、本人自身も自分の考えを十分に整理できていないからです。したがって、思考プロセスを共有するためには、まず自分自身が自らの思考プロセスを振り返り、考えを整理しなければなりません。「考えたつもり」「分かったつもり」という勘違いが障害になるのです。本人すら明確に認識できていないことを他人が理解できるわけがありません。

043 ▶ 論理を伝えるテクニック

▶ 結論に到達するには

思考プロセスを伝える、考えであるロジックを伝えることの重要性はすでに述べたとおりですが、ただ自分の考えを伝えればよいかと言えば、そうではありません。聞き手が分かるように、理解できるように、そして、納得できるように伝えなければなりません。

ここで、多くの技術プレゼンテーションを構成する「実験結果をもとにしたケースを例に結果を結論にする」という思考プロセスを図式化すると図5-6のように表現できます。

ある実験結果から結論を得ることになりますが、結論にはダイレクトに到達できません。結果を解析して解釈する、仮説を立てることで、その結果が意味することを見いださなければなりません。その過程で、「そのような意味」となり、「そのように解釈できる」という論拠となるロジックを考え出すのです。

図 5-6 ▶ 実験結果を結論へ

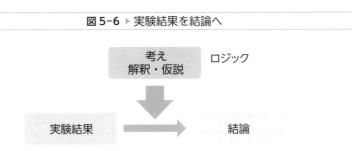

しかし、現実には、思考プロセスを振り返っても、往々にして「結果を眺めているうちに神様が降りてきて、頭の中にランプが灯り、閃いた」というような状況に感じることが多いのではないでしょうか。

しかし、そう感じるのはまだ十分に振り返れていない証拠です。本当の振り返りや思考の整理とは、「どこをどのように見て閃いたのか」「どのような

知識を使ったのか」といったことを一つひとつ掘り起こしていくということです。神様が降りてきた、閃いたと言っても本当に何もないところには何も起こりません。

▶ 説明のテクニック

ところが、そこにまで至れたとしても、それでゴールではありません。その時点では、自分自身が自らの考えに気づくことができたにすぎません。それを聞き手に伝えてこそプレゼンテーションとなります。

そこで必要となるのが、「伝えるテクニック」「説明のテクニック」です。様々なテクニックがありますが、代表的なものとして、「具体化」「抽象化」「一般化」といった「言い換え」があります。

このテクニックの効果は、誰もが日常生活も含めて何度も経験していることと思います。また、この他にも、教科書や論文など先人たちの優れた説明を利用するというのも一つの方法です。

このようなテクニックをプレゼンテーションの中で活用して、ボンヤリとしたプレゼンターの頭の中のイメージをプレゼンテーションという形で表現して聞き手の頭の中に再構築する、それこそがプレゼンテーションであると言えます（図5-7）。

図 5-7 ▶ イメージの共有

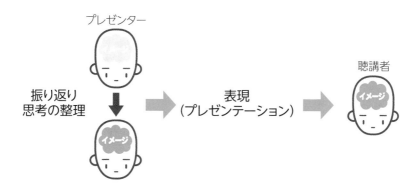

044 ▶ 情報階層をつくり上げる

▶ 情報の階層化

043 で、言い換えによる伝えるテクニックを紹介しました。ただ、先にも述べたとおり、自らの頭の中にあるとは言え考えがボンヤリしている状態で留まっていることも多く、また、多くの情報を整理する難しさという問題もあります。

そんな時に使える方法として、「情報の階層化」を紹介します。

情報の階層化とは、いわゆるツリー構造に情報を整理することです（形は 025 で紹介したロジックツリーと同じです）。

例えば、身近な階層化として動物を例にしてみましょう（図5-8）。この例では、最上位に哺乳類という項目があります。そして、その下に犬、猫という階層があり、さらにその下にチワワやブルドッグと言った犬種が並んでいます。

これらのキーワードがただ羅列されていた場合には、「全体として何を意味するのか」「全体の中で個々の情報の位置づけがどうなっているのか」を理解することは容易ではありません。しかし、図のように階層構造化することで、「全体は動物、それも哺乳類の分類を表すものであり、チワワは犬という分類に属する、関係するものである」ということが一目瞭然になります。これこそが情報階層化の効果と言えます。

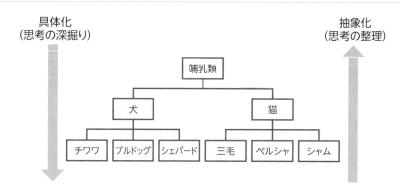

図 5-8 ▶ 情報階層化の例

具体化
（思考の深掘り）

抽象化
（思考の整理）

哺乳類

犬　　　　　　　　　猫

チワワ　ブルドッグ　シェパード　三毛　ペルシャ　シャム

▶ 具体化と抽象化

そして、この階層を下に降りることを「具体化」と言い、「詳細化」や「思考の深掘り」とも言われます。

一方で、階層を上に上がることを「抽象化」と言い、「思考の整理」や「上位概念化」とも言われます。

このような、具体化、詳細化などのテクニックを使いながら情報を整理し、情報の階層を作り上げることで、説明する対象を整理していきます。そうすることで、自分の頭の中も明確になり、かつ、相手に伝わりやすい形で表現することができるようになります。

ただし、このような情報階層という考え方を用いた説明を考える場合には注意しなければならないことがあります。それは、「具体化の罠」と呼ばれるものです。

説明したり、説明を聞いたりするときに、「具体的に言いなさい」「もっと具体的にしなさい」というようなことをよく耳にします。たしかに、具体化はイメージが沸きやすく、理解もしやすくなるという効果を持っています。

しかし、それと同時に「重箱の隅に入り込んでいく」方向でもあります。すなわち、部分に入り込んでしまい、全体が見えなくなってしまうという危険があるのです。そのため、情報階層を考えるときには、必ず具体化と抽象化もセットで考えなければなりません。

045 ▶ 3態変化で技術、論理を翻訳

▶ 置換と例示

　具体化、抽象化といった基本テクニックの中で、抽象化は「上位概念化」とも言われる通り、「複数の情報をまとめる、整理する」ことを行います。

　一方で、具体化は様々な形での具体化がありますが、その中で最も基本となり、中心的役割を果たすのが「置換」と「例示」です。本書の中でも、「別の言い方をすれば」と別のもので置き換えたり、「例えば」と例を示したりといったことを随所で行っています。これらは、言うまでもなく説明のためです。

　人は、何か、特に新しいことを理解する時には、持っている知識や過去の経験を拠り所にすると説明しました。置換や例示は、まさにこういった理解のプロセスを促進します。最初は知らない表現や言葉、情報であっても、自分が知っている同じ意味を持つ別のもので説明されれば容易に理解できます。

　例えば、「ある分野のものを別の分野のもので説明する」といったケースです。ある服飾ブランドのデザイン業界におけるポジションを説明するときに、「車で言えば高級車メーカーの○○のようなものです」という表現を使う、などです。

　また、そういった代表的なものに置き換えることができない場合には、類似の例を示されることで類推して理解することができます。例えば、色を伝えるときに○○のような色や、料理の世界で良く言われる「耳たぶぐらいの硬さ」などがあります。

　このように、置換や例示は説明のテクニックとして極めて重要で、高い効果が期待できるものです。

▶ 3態変化を使いこなそう

　そこで、これら説明のテクニックである、「置換」「例示」「抽象化」をまとめて「3態変化」と呼びます（図5-9）。プレゼンテーションに限

らず、伝える、説明する際には、この3態変化を適切に使いこなせることが重要になります。そして、利用する時にはそれぞれのテクニックを一つずつバラバラに捉えるのではなく、図に示すとおり必要に応じてこれらを相互に行き来しながら、併用しながら説明しなければなりません。

このことは、044で「具体化だけでなく抽象化の併用も必要である」と述べたことと同様です。

図 5-9 ▶ 3態変化

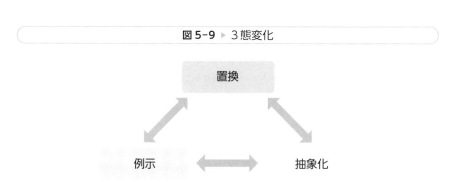

そして、3態変化を利用するときのポイントは、「イメージが沸きやすいこと」です。そのためには、相手が知っていることを用いて表現しなければなりません。そもそも「説明」という言葉の意味は「相手の知らないことを知っているもので表現すること」です。相手が知らないことを、さらに知らないことで表現しても混乱に拍車をかけるだけです。

したがって、適切な説明をするためには、「相手がどんなことを知っているか」「何を知らないか」ということを想定する必要があります。それらを踏まえて説明することで、聞き手にイメージを沸かせ、理解を促すことができきます。

046 ▶ イメージ想起で論理を植え付ける

▶ イメージを想起させよう

　ここまで伝えるテクニックについて説明してきましたが、それらに共通する重要なキーワードがあります。それは「イメージ想起」です。すなわち、「伝えたいことをいかに相手の頭の中にイメージ構築させるか」ということです。

　普段は意識しませんが、人は対象や事象（物事）を理解するとき、その過程で自分なりのイメージを構築します。言い換えれば、「人は対象をイメージ化して理解して、記憶する」ということです。

　例えば、「イヌ」は誰でも知っていると思います。では、頭に思い浮かべてください。どうでしょうか、漢字の「犬」という文字を思い浮かべた方はいるでしょうか。そんなことはないはずです。犬種は様々かと思いますが、みなさんは動物の形態としての犬のイメージを思い浮かべたと思います。そうやって、人は情報を処理しているのです。

　したがって、最初からイメージを思い浮かべやすいような説明ができれば、相手は理解しやすい、記憶しやすいということになります。それこそが「イメージ想起」です。逆の言い方をすれば、「イメージが沸きにくいということは、分かりにくい」ということなのです。

▶ 三つのテクニック

　では、どのようにすればイメージが沸きやすいのか。それには、ここまでの説明でも書いたものも含めて、「比喩・例え・例示」「対比」「図式化」という三つのテクニックが基本となります（図5-10）。

　「比喩・例え・例示」とは、例えば「鉄のような硬さ」「耳たぶぐらいの硬さ」といった表現です。ただ「硬い」とだけ言っても、その硬さのイメージは伝わりません。さらには、人によってその捉え方が異なるため、間違った理解をしてしまう懸念もあります。そんなときに、先の例のような表現を使っ

て説明されれば容易にイメージ想起ができます。

また、「対比」は良く言われる「ドーム○個分」など、何かと比較することで伝えるというテクニックです。比較対象を示すことで基準が生まれ、それがイメージの土台をとなります。

そして、「図式化」は文字だけで表現するのではなく、ロジックツリーや本書でも様々に示した図のように表現する方法です。図式化の多くは、極論すれば文章で表現することも可能です。

しかし、それよりも図式化した方が一目瞭然で、イメージも沸きやすいことは容易に理解できるかと思います。特に、プレゼンテーションにおいては図式化することは極めて重要となります。「スライドを読ませるな」「文字が多すぎるスライドはダメだ」と言われるのは、実はこのような背景があるからなのです。

図 5-10 ▶ イメージ想起

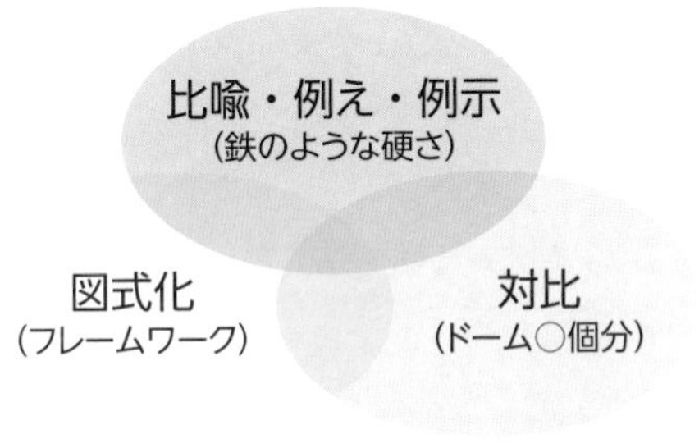

比喩・例え・例示
（鉄のような硬さ）

図式化
（フレームワーク）

対比
（ドーム○個分）

ただし、すでに述べた通り「説明」にあたっては相手の知らないことを知っていることで表現しなければなりません。したがって、特に「比喩・例え・例示」「対比」においては、相手の知っていること、イメージできるものを用いなければなりません。例えば、野球を知らない人、興味がない人に「ドーム○個分」と言っても伝わらないということです。

047 ▶ 論理を意識に埋め込むテクニック

▶ 初見理解の限界

　ここまでで述べてきた説明のテクニックは、言うまでもなく技術プレゼンテーションのコアである情報や論理を伝えるためのものです。聴講者はプレゼンテーションを聞きながら、新しく得た情報を既存の知識と対比し、さらにプレゼンターから示される例示や置換等による補足説明を利用して理解していきます（図5-11）。

　もちろん、その中では具体化や抽象化、情報の階層化、そして、図式化なども使うことになります。

図 5-11 ▶ 理解のプロセス

新しい情報 ——対比—— 既存知識

例示や置換による説明 → 理解

　しかし、ここで一つの壁が邪魔をします。それは、「初見理解の限界」という壁です。平易なことであれば一度聞いただけ理解できるでしょう。しかし、技術プレゼンテーションのように多くの情報が含まれ、かつ、新しい考え方（ロジック）が含まれる場合には、1回の説明だけでは理解できないことも容易に想像できます。

　これが報告書や書籍であれば理解できるまで何度も読み返すこともできるでしょうし、自分のペースで読み進めることも可能です。しかし、プレゼンテーションはそうはいきません。プレゼンターは限られた時間の中で、ある意味淡々とプレゼンテーションを進めていきます。そして、多くの聴講者がそれぞれの理解力でそれを聞いています。中には、経験の浅い人、専門外の人もいるでしょうし、一方で普段から一緒に仕事をしているよく分かってい

る人もいるでしょう。

　しかし、現実にはそういった様々な状況、人たちすべてに一つのプレゼンテーションの中で対応することは困難です。もちろん、だからと言って無視してよいわけではありません。

▶ 要約して再説明しよう

　また、「自分では理解はできたつもりでいる、しかし、この理解で合っているだろうか」という、自分の理解への不安というものもあります。これが1対1のディスカッションや、チーム内の小さなミーティングであればその場で確認し合うことも可能です。

　しかし、プレゼンテーションの途中で進行を遮って確認することを、果たして誰もができるでしょうか。また、質疑のときに確認するということもできますが、それにも時間の制約や他の聴講者とのバランスなどで限界があります。

　そして、そのような状況になると、質疑も活発になりません。理解できていないときや、理解に不安があるときは、質問することのハードルが上がります。そうなると、当然のことながら伝えたいことが伝わりません。

　そんな状況を生まないために検討していただきたいのが、「要約による再説明」です。プレゼンテーションを進めていく中で、「すなわちここで言いたいことは…」「この結果を言い換えると…」というような要約説明を行います。そうすることで、2回目の説明となり、一種の補足説明となって理解を促進するとともに、聴講者が自分の理解の確認を行うことができます。

048 ▶ 小結論の重要性

▶ 内容の忘却と記憶の改変

047 で要約による再説明の効果について書きましたが、もう一つ効果的な類似のテクニックとして「小結論」があります。通常、結論は最後の一カ所だけに構成されます。これは、言い換えれば「プレゼンテーション全体を"一つの塊"として扱っている」ということになります。そのプレゼンテーションが短時間のもので、内容もシンプルで平易なものであれば問題はないのですが、時間が長く、内容も複雑、情報量も多い場合にはどうでしょうか。「冒頭の内容や、途中の内容がプレゼンテーションを聞いていく中で薄れて、最後の所ではあまり残っていない」という経験はないでしょうか（図5-12）。

また、このような「忘却」だけではなく、特に情報量の多い長いプレゼンテーションの場合には、「記憶の改変」も起こります。そうなると、重要な情報が抜け落ちることになりますが、そんなとき、聴講者は「自分が忘れた」とは感じません。「プレゼンターの説明が悪い」場合によっては「そんな説明はなかった」と思い込むこともしばしばです。

図 5-12 ▶ 忘却

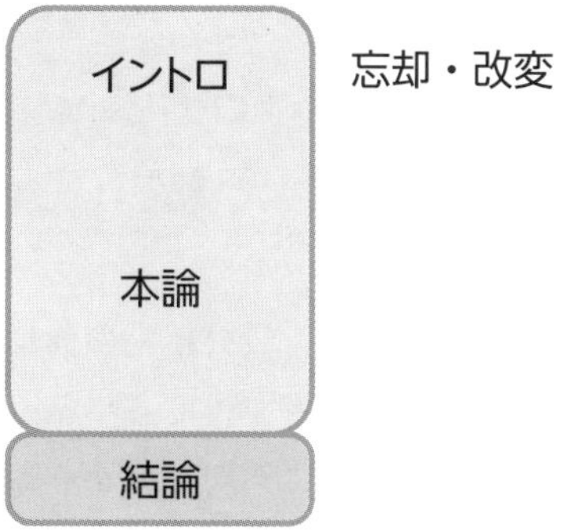

イントロ	忘却・改変
本論	
結論	

それでも、極論すれば「結論が受け入れられればそれでよい」という考え方も確かにあります。しかし、果たしてそれは本当の意味でのプレゼンテー

ション成功と言えるでしょうか。そこには、聴講者の誤解や思い込みもあるかもしれません。そうなると、後々の禍根や火種を残すことになりかねません。

▶ 小結論を用意しよう

ではこのような状況を生まないためにはどうすればよいか。それには、047 で説明した要約をさらに発展させて「小結論」を要所ごとに構成するというテクニックを用います。プレゼンテーション全体をいくつかのブロックに分けて考えます。通常のプレゼンテーションは、ほとんどの場合いくつかの小ブロック（セクション）に分けることができます。例えば、すでに述べた3パート構成の各パートがまさしくこの小ブロックと言えます。そして、小ブロックごとに小結論を用意するのです（図5-13）。そうすれば、聴講者は最低限その小結論を理解し、記憶しておけば、プレゼンテーション全体を頭の中に構成することができ、最終結論へとつなげることができます。

図5-13 ▶ 小結論の構成

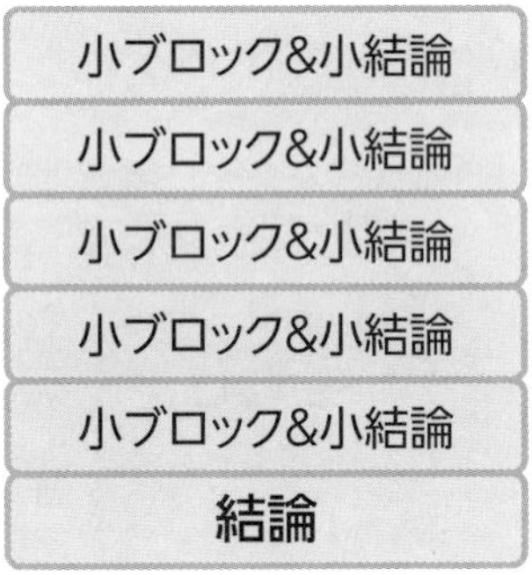

さらに時間に余裕があれば、最終結論の前に「ここまでの述べたことを改めて整理すると…」といった形で再度各小結論だけを抜き出して説明した後に最終結論を述べると、さらに親切で分かりやすいプレゼンテーションになると言えます。もちろん、この小結論テクニックは 047 に述べた初見理解の壁を取り払う効果もあります。

第6章

技術・論理が伝わる
スライドテクニック

049 なぜスライドにするのか

▶ スライドを意識的に使おう

　ほとんどの方はプレゼンテーションと言えば、スライドを投影しながら口頭で説明するシーンを想像されると思います。では、なぜプレゼンテーションと言えばスライドなのでしょうか。普段そんなことは意識しないと思いますが、実はプレゼンテーションを考える上では極めて重要なことです。これは言い換えれば、「なぜスライドにするのか」という根本的な問いだからです。

　わざわざ手間と時間をかけてスライドにするということは、そこに意味や理由があるはずです。口頭で説明すれば事足りるのであれば、手間をかけてまでスライドを作る意味はなく、そんなことはしないはずです。

　しかし、現実にはどうでしょうか。多くの人がそこまで深くは考えずに、ただ漫然とデータをグラフにしてスライドに張り付け、説明を箇条書きでスライドに書き込んでいるのではないでしょうか。そんな状況になってしまっているので、説明とスライドがマッチしておらず、聴講者がスライドを見て説明を聞いても理解できないという事態を生み出してしまいます。

　また、プレゼンター自身も、だらだらとスライドを読み進めてしまい、聴講者は話を聞かないで勝手にスライドを読み進めてしまうということが起こります。これでは、プレゼンテーションとは言えないことはもちろん、プレゼンターがそこにいる意味すらないと言えます。そういう意味で、前述の通り極めて重要なことなのです。

▶ スライドにしなければならない情報を

　なぜわざわざスライドを作成するのか。それは、口頭では伝わらないから、より分かりやすく、理解しやすくするためにスライドという目に見える視覚情報を加えるのです。

　例えば、データや数字を口頭で延々と話されて果たして理解できるでしょうか。「A事業部の先月の予算は〇〇円で実績は〇〇円、来月の予算は〇〇円、

B事業部は…」などと口頭だけで延々と言われても分かるわけがありません。また、グラフが示すことを、グラフという視覚情報を用いないで口頭で伝えることができるでしょうか。「横軸を月、縦軸を売上とし、過去1年間推移を見ると6月までは順調に伸びていましたが、7月から鈍化しています」という口頭説明だけで正確にその値や変化をイメージできるでしょうか。はたまた、イメージや概念、そして、情報の関係性といったものを口頭で正確に表現し、伝えることができるでしょうか。ほぼ不可能であることは明らかです。だからこそ、口頭では伝えられないことをスライドという視覚情報にするのです。

したがって、「スライドにしなければならない情報だからスライドという形になっている」、ということが根本であることを認識しなければなりません。間違っても、「何となく」「間を埋めるために」というような浅はかな理由でスライドを用いてはなりません。

その上で、スライドを作成するときには、

- 言いたいことは何か
- その根拠は何か
- どう見せれば（表現すれば）伝わるか

というスライドにする意味、理由、意義をじっくりと考えなければなりません。「言いたいこと」と「その根拠」がスライドのコアに当たる部分であり、技術プレゼンテーションのコアでもあります。そして、それをいかに分かりやすく、理解しやすく表現するかを考えるのです。

スライド作りは、スライドで示す理由を出発点に、これらを考え、整理していかなければなりません。決して安易にスライドを作成することや、プレゼンテーションの準備とはスライド作りだと誤解するようなことをしないでください。

050 1イシュー／スライド

▶ スライドに情報を詰め込み過ぎない

　ご自身でも経験があるかもしれませんし、別の方のプレゼンテーションで経験があるかもしれませんが、非常に多くの情報を一つのスライドに詰め込んでいるケースがよく見られます。

　そんなとき、どう感じるでしょうか。まずウンザリして、次にすべてを見ること、理解することを放棄するのではないでしょうか。そんな状態でプレゼンターがいくら懸命に説明しても聴講者の耳には入っていきません。結果、「ごちゃごちゃしてよく分からないプレゼンテーションだった」と言われることになります。

　スライドに情報を詰め込み過ぎてはいけないことは分かっているのに、なぜそうなってしまうのか。そうしたくなるのかは理解できないことはありません。アレも言いたい、コレも言いたい、しかし時間が限られている。10分の持ち時間で20枚のスライドはさすがに多すぎる、しかし減らしたくない…。そして、「複数のスライドを一つにしよう」という結論に行き着くのです。

　ここでポイントになるのは、「一つにまとめよう」ではなく、単純に「一つにしよう」という発想にしかなっていないということです。そのため、整理されるのではなく、単に無理やり詰め込んだ状態になるのです。実際には、スライドのスペースは限られているので、例えばグラフの大きさを小さくする、字を小さくする、説明を省くなどが行われます。これらはすべて、見にくく、分かりにくくすることでしかありません。しかも、情報量は減っていないので、口頭での説明も時間が足りなくなって早口になり、分かりにくさに拍車をかけることになります。

　024 でも述べたように人の理解のキャパシティーは有限です。したがって、図6-1に示すようにスライドに含まれる情報量が理解のキャパシティーを超えないように配慮する必要があるのです。スライドの情報量が理解のキャパ

シティーを超えてしまうとオーバーフローを起こします。そして、オーバーフローをプレゼンターはコントロールできないため、重要な情報が溢れていくことになります。そうなると、個々のスライド、情報が理解できないと状態になります。プレゼンテーションを構成する「部分」であるスライドが理解できないのに、全体が理解できるはずがありません。結果、「分からないプレゼンテーション」となります。

図 6-1 ▶ 1イシュー／スライド

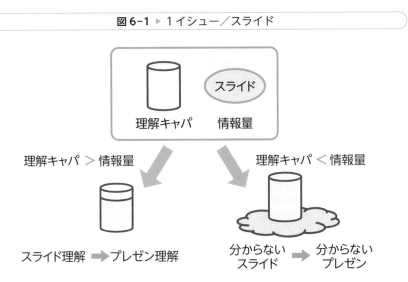

▶ 原点は「言いたいことは何か」

多くのことを1枚のスライドで言われると、聴講者は「結局何が言いたいの？」という状態になってしまいます。したがって、一つのスライドであれもこれもと言うのではなく、「一つのスライドでは、言いたいこと（イシュー）は一つに絞る」というのが大原則になります。なので、049 でも述べた、「言いたいことは何か」がスライド作りのスタートということになるのです。

051 ▶ スライドづくりのスタート

▶ 後回しになりがちなスライドのタイトル決め

みなさんはスライドを作成するとき、どんなふうにどんな順番で作っているでしょうか。多くの方は、「まずこのスライドにどんな情報（グラフや表など）を入れようか」と考え、レイアウトを考えながら補足説明を加えていく…という順番ではないかと思います。

しかし、それは間違いです。スライド作りのスタートでまずすべきことは、「そのスライドのタイトルを決めること」です。ところが、多くの方はスライドタイトルを最後に決めているのではないでしょうか。スライドのタイトルは、「そのスライドが何か」「何を伝えようとしているのか」というスライドの内容を示すものです。

スライドを作成するためには、まずそのスライドがどんな内容で、何を伝えたいのかということが決まっていなければならないことは言うまでもありません。

しかし、現実にはスライドを作成しながら考えるということが行われています。その結果、タイトルは最後になるのです。

このような流れでは、スライド自体のまとまりがなくなり、何が言いたいのかが分からなくなってしまって当然です。文書を考えながら書いていると、最初と最後で矛盾が生じたという経験がないでしょうか。それと同じことです。

そして、タイトルを最後に考えることのもう一つの大きな問題は、スライドの本体を作成することで力尽きてしまい、タイトルを考えるころには余力が残っていないという状態です。そうなると、おざなりで適当なタイトルをつけることになります。

例えば、「実験1」「実験2」や「調査結果」などといったざっくりとしたものです。先に述べたとおり、タイトルとはスライドの中身、言いたいこと

を示すものでなければなりません。このようなタイトルで、果たしてそれが分かるでしょうか。

　人は話を聞くとき、情報を読むとき、「何が言いたいのか」を予想しながら聞くと説明しました。おざなりなタイトルではそんなことはできません。そうなると、聴講者は「どんな話だろうか」「どんな話の流れだろうか」と、様々なことを考え始めます。そして、意識がそちらに回る分話が入ってこなくなるという事態を生んでしまいます。しかし、適切なタイトルが示されれば、聴講者の理解が促進されることになるのです。

▶ スライドの完成形をイメージしよう

　では、どのようにタイトルを考えればよいのでしょうか。タイトルがそのスライドの内容、言いたいことは何かを示すものであるとすれば、言い換えれば、スライドを一言（ワンフレーズ）で言い表した「スライドの自己紹介」がタイトルであるとも言えます。すなわち、「タイトルとはスライドの究極の要約である」ということです。さらに言えば、プレゼンテーションのタイトルも同様に、プレゼンテーションの究極の要約でなければならないのです。

　プレゼンテーションに限らず、書籍や芸術作品、楽曲等でもタイトルで印象が大きく変わります。プレゼンテーションにおいてもタイトルは極めて重要なものなのです。

　したがって、タイトルを考えるためには、当然のことながらスライドの完成形が頭の中にイメージされている必要があります。だからこそ、スライド作りのスタートでタイトルを決めるのです。まず、スライドの内容を考え、決定する。その上で、それらを要約していき、最終的に一言で表現することでタイトルとするのです。

　ただし、スライドタイトルにもいくつかのパターンがあります。基本は前述のとおり「内容の要約」ということになりますが、そのほかにも、結論の要約、スライドの「起」とする、問いかけるといった方法もあります。目的と効果を合わせて考えながら、そのスライドに適したパターンを選択していく必要があります。いずれにしても重要なことは、まずタイトルを決めること、そして、じっくりと考えて決めることです。

052 ▶ 色の使い方

▶ 基本は3色で！

　スライドにも様々なものがありますが、黒一色のモノクロで作成されたものは極めて稀で、カラーで作成されるのが通例となっています。確かに、モノクロよりもカラーの方が表現も拡がり、意図を伝えやすいことは間違いありません。

　しかし、あまりにも多色になり過ぎて目がチカチカして分かりにくくなってしまっているケースも散見されます。このようなことからも、スライド作成における色使いは重要な意味を持っており、プレゼンターのセンスが問われるのです。

　色使いを考えるときに、最初に思い浮かべるべきなのは、「色を使い過ぎない」ということです。とは言え、実際に考えるとなると人によって程度の感覚が違うこともあり、判断に悩むところです。

　そこで、まずは基本色として3色をベースにスタートするとよいでしょう。基本3色は、ベース、メイン、アクセントに相当します（図6-2）。ベースはスライドのバックとして空白を埋める色です。メイン色は、文字色などのそのスライドの情報のほとんどを表現する色です。そして、アクセントはそのスライドの中でポイントとなる重要な情報を強調するために用いられる色ということになります。まずは、この3色を選んでスライドの基本構成を決めると納まりもよく、考えやすくなります。

図6-2 ▶ スライドの基本色

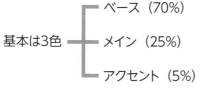

基本は3色
- ベース（70%）
- メイン（25%）
- アクセント（5%）

そして、これら3色の使用割合（スライドの中で占める面積の割合）は、概ねベース70％、メイン25％、アクセント5％を基本パターンとすると見やすいスライドになります。

ベースが70％ということは、スライドのほとんどが空白スペースということになります。グラフもほとんどが実際には空白です。不思議に思った方もいるかもしれませんが、「シンプルイズベスト」という言葉もあるとおりで、これが50％を切ってしまうと詰め込み過ぎの印象を与え、実際に非常に見にくいスライドになってしまいます。

ただし、実際には空白の割合はもう少し少なくなることもあるでしょう。それも見越して、まずは70％を目指して考えるのです。最初から60％と考えると、気がついたら50％を切ってしまいます。また、アクセントは文字通りの強調ポイントですから、これが多すぎると強調の効果が薄れてしまいます。

▶ まずはメインの色を決めよう

色の選択については、まずメインの色を決めて、色相関図を参考にするなどしながら考えるとよいでしょう。例えば、「アクセントカラーには補色を用いる」などです。また、実際のスライド作りでは3色のみで構成することは難しい面もあり、色を増やす必要に迫られます。

そんなときには、むやみに色の種類（色相）を増やす（例えば、黒と赤に緑や青を加えるなど）のではなく、「彩度や明度を変える」ということも検討されると、スライド全体が落ち着きます。また、「落ち着く」という観点では、原色よりも中間色系、赤系よりも青系の方が一般的な印象としては落ち着いて感じられます。

色は、スライド全体の第一印象に大きな影響を与える重要なものです。安易に考えず、全体のバランスを考えながら、相手に与える印象も考慮しながら選択していく必要があります。

053 フォントの使い方

▶ 迷うようならゴシック系を!

　色と共にスライドの印象を左右するものとして、フォントが挙げられます。世の中には様々なフォントがあり、どれを選ぶかも含めてその使い方に迷う方も多いと思います。ただ、さすがに丸文字系や行書体、隷書体などの特殊なフォントをプレゼンテーションで使われる方はほとんどいないでしょう。もちろん、「どのフォントを使いなさい」というようなルールはありませんが、基本的な考え方として、線の細いフォント、太すぎるフォントなど、離れて見たときに判別が困難になるようなものは避けるべきでしょう。そこで選択肢としては、ゴシック系のフォントが挙げられます。もちろん、他のフォントはダメだというわけではありませんが、迷うようであればゴシック系を選んでおくとよいでしょう。

　また、複数種類のフォントを使用されているケースも見られます。もちろん、それに意味があり、必然性があればよいのですが、何となく複数フォントを混在させていると、単純に見にくくなるだけですから避けるべきです。

▶ 大きさにも気をつけよう

　フォントの種類と共に重要となるのがサイズ、文字の大きさです。小さすぎてはいけないというのは言うまでもありませんが、大きすぎても見にくくなることはもちろん、情報量が確保しにくくなってしまいます。実際には、スクリーンに投影して、一番後ろから見て確認するのが確実ですが、参考までに目安を示すとすれば、最低でも24pt以上のサイズを選ぶべきです。これでも人によっては「小さい」という印象を持つこともありますが、少なくともこれ以上小さいと見る気が失せます。

　なお、フォントサイズという点で、もう一つこんなことも言われます。
　聴講者の最高齢の1/2以上のサイズにしなさい
「最高齢」が「平均年齢」とされることもありますが、いずれにしても、「年齢を考慮して選択するという考え方です。これは、加齢による視力の低下(い

わゆる老眼）によって小さなものが見にくくなることを考慮してスライドを作成すべきであるということです。これは見やすさだけでなく、一般的に決裁者や役職者は相応の年齢であることが多いので、そういう人たちに合わせるという意味もあります。

　フォントに関しては、これら種類やサイズ以外に装飾という問題もあります。よく使われるものに、斜体や影文字、袋文字などがあります。また、太字や下線もよく見られる文字装飾です。しかし、これらは極力避けるべきです。理由は、使用例（図6-3）に示すようにパッと見て判別しにくいためです。２カ所の下線は文字との距離が近すぎて重なってしまい読みにくくなります。また、「不安と緊張」「コミュニケーション」という部分の斜体も判別しにくいと言えます。

図6-3 ▶ 見にくいフォント使用例

- イントロダクション（プレゼンとは何か）
- プレゼンの基本　（コツ・ポイント）
- プレゼンを成功に導くストーリー構成
- 伝わるスライド
- 不安と緊張
- プレゼンに慣れるためには
- コミュニケーション
- パフォーマンス（本番の話し方）
- 質疑対応
- まとめ

　これらは、例えばアクセントカラーにする、フォントサイズを大きくする、★印や矢印などのマークをつけるといった工夫が考えられます。基本は、文字装飾は極力避けて、標準文字を使いましょう。

表現で変わる印象

▶ 体言止めと用言止め、どちらがよい？

　日本語という言語は非常に奥が深く、特に意図や印象という面での多様性は特異的とも言えます。このことは、「表現力を豊かにして芸術性を高める」などの様々な効果が得られますが、一方で、「読み手の捉え方で意味や印象が変わってしまう」ということも起こります。プレゼンテーションにおいては、口頭での説明も行いますが、人の脳の情報処理の中では視覚情報の占める割合、影響力が大きいため、口頭での補足説明が耳に入らないということもあります。日常生活では問題にならないことも、プレゼンテーションでは大きな問題を生む可能性があるのです。

　したがって、スライドの中の日本語の表現にも細心の注意を払う必要があります。そんな中で、文体として「体言止め」か、「用言止め」かということがよく話題になります。「体言止め」とは、名詞等の体言で文を終わる表現方法です。例えば、「きれいな空」「かわいい犬」などです。一方で、「用言止め」は、「夕食を食べる」「旅行に出かける」などです。さて、プレゼンテーションではどちらを使うのがよいのでしょうか。すでに、疑問を感じて調べたり、勉強した方は両方の意見があり迷われたのではないかと思います。実際に、体言止めにすべきだという人もいれば、体言止めはダメだという人もいます。

　例えば、体言止めを否定する人は、「コスト削減」のような体言止め表現では、「どうしたいの」「どの程度の削減が必要なのか」「なぜ必要なのか」などの意味が伝わらない、というようなことを言います。確かにこれではうまく伝わらないでしょう。しかし、それは体言止めが問題なのではなく、表現そのものに問題があるだけです。例えば、「赤字回避のために1億円のコスト削減が必要」とすればよいのです。十分簡潔で意味も伝わります。

　結論を言えば、そもそも議論が間違っています。どちらかを一つを選択するという狭い考え方をするからまとまらないのです。世の中には、(専門家を自称する人も含めて)「自分の考えが正しい」と思い込んでいる人た

ちがたくさんいます。日本語という言語に立ち返れば、長い歴史の中で二つの表現方法が生まれて生き残っているということは、両方が必要である、使い分けるものであるということなのです。それを、2者選択で他方を否定するような考え方自体がおかしいとも言えます。

▶ 目的に応じて使い分けよう

　プレゼンテーションにおいても、その使う場所、意図によって使い分ければよいだけです。プレゼンテーションでは、「どちらかに統一すべき」とおっしゃる方もいますが、箇条書きで情報を整理するときなどは体言止めが適することが多いでしょうし、結論のような説明が主になる時は用言止めが適する場合もあります。

　また、並び順、言い方にも注意が必要です。表6-1に上げた例文はいずれも意味は同じです。しかし、その並び順でニュアンス、この例の場合には強調される部分が変わります。日本語は最後に置かれる情報が強調されて伝わる特徴を持っているのです。

表6-1 ▶ 語順とニュアンス

表現	強調点
マイケルは数学でＡを取った	Ａを取ったこと
マイケルはＡを数学で取った	数学で取ったこと
数学でＡをマイケルが取った	マイケルが取ったこと

　これら以外のことも含めて、「わずかな違いで受け取り方が変わってしまうのが日本語である」ということを忘れないでください。

055 ▶ 論理はイメージで伝える

▶ 情報をイメージに変える

　プレゼンテーションのスライドに文字が多いと、それだけで理解が難しくなり、聴講者の理解の意欲も低下します。したがって、スライドの文字数を増やさない、あるいは減らすことが求められます。しかし、伝えたい、伝えなければならない情報は減るわけではありません。そして、無理に文字数を減らせば、説明が不足し伝わらなくなります。

　では、どうすればよいか。こんな時に使えるテクニックが「イメージ化」です。これは、情報を文字ではなくイメージとして表現する方法です。例えば、葡萄を伝えたいとき、「葡萄」と文字で書くのではなく、イラストで表現します（図6-4）。こうすることで、読むのではなく見るだけで、即座に、直感的にその意味を理解することができます。そして、「葡萄」という文字だけであれば人によって異なる葡萄として理解する可能性がありますが、イラストや写真で表現すれば、「その葡萄」として理解してくれます。したがって、より正確に（伝えたいように）伝えられるという効果が得られます。

図 6-4 ▶ 情報のイメージ化

ブドウ

▶ 関係性もイメージ化しよう

　また、こういった物体だけでなく、その他の情報においてもイメージ化に

よって同様の効果を得られます。例えば、箇条書きで情報を伝えることはプレゼンテーションにおいて頻繁に行われます。もちろん、これはこれで間違っているわけではありません。ただ、伝える情報によっては、個々の情報が独立ではなく、相互に関係し合っていることもあります。特に、技術プレゼンテーションにおいては頻繁に起こることです。そんな時に、ただ情報を並べてもその関係性までは表現できません。そこで、例えば図6-5に示すような、ロジックツリーなどのフレームワークを用いたり、オフィスアプリに付属のスマートアートなどを使うことで図式化によるイメージ化で表現することで、情報の関係性や全体像を表現して伝えることができます。

図6-5 ▶ 関係性のイメージ化

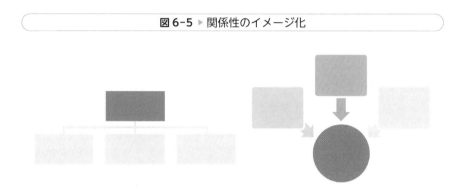

プレゼンテーションにおいては、「文字よりイラスト」「文章より図式」と常に考えて、可能な限りイメージ化を試みるとことで、より分かりやすい、伝わりやすいスライドを作成でき、その結果として分かりやすい、伝わりやすいプレゼンテーションにすることができます。

ただし、イメージ化を行うためには、プレゼンター自身が、その情報の意味や伝えたいことを明確に理解していなければなりません。そうでなければ、イメージ化を行うことはできません。

056 技術プレゼンの要である グラフの工夫

▶ グラフは「読む」ものではなく「見る」もの

グラフは、ほとんどすべてのプレゼンテーションに含まれる必須の情報表現方法であると言ってよいでしょう。技術プレゼンテーションにおいては、必要不可欠なものであることは間違いありません。だからこそ、グラフの使い方を間違えると、プレゼンテーション全体に致命的な影響を与えることになります。

しかし、現実には、間違った理解や使い方をされているケースが後を絶ちません。グラフに限ったことではありませんが、伝えたいことが表現されていなければなりません。

イメージ化、図式化が必要であるとは説明しましたが、「とりあえずグラフにすればよい」というものではありません。しかし、多くの方が深く考えずにどんなデータでも折れ線グラフ（散布図）や棒グラフなど馴染みのあるものにしてしまっています。

この背景には、それら以外のグラフに普段馴染みがない、あまり目にしないということもあるでしょう。また、学生の頃にもほとんどがこの二つのグラフだったということもあるでしょう。しかし、これでは意味や意図は伝わりません。

まず、グラフについて理解しておかなければならないことは、グラフとは「読む」ものではなく「見る」ものであるということです。言い換えれば、「読む」、すなわち、じっくり解読しなければ何を示しているのか、どんな意味を持っているのかが理解できないようなものではダメだ、ということです。パッと見て、これらが分かるようになっていなければなりません。

プレゼンテーションに限らず論文や書籍でも、グラフのキャプションは、図○○や figure ○○とするのは、まさしくこういう理由からです。

▶ グラフの注意点

そして、こういったグラフの目的に沿うために注意すべきポイントがあります。

まず、「グラフと主張は１：１」ということです。これは、「一つのグラフで言いたいことは一つに絞る」という意味です。中には、スライドの枚数の都合もあってか、一つのグラフで、あれもこれもと説明しているケースもあります。そんなことをすれば、聴講者は「一体このグラフは何を意味しているのか」「この人は何を言いたいのだろうか」と思ってしまいます。すなわち、「分かりにくい」と感じさせてしまいます。特に技術プレゼンテーションにおいては、その要とも言えるグラフが伝わらなければ（分からなければ）、到底プレゼンテーション全体を伝えることはできません。

また、グラフ自体をパッと見て分かるように分かりやすくするために、「グラフ要素の色や形、太さなどが意味を持つ」必要があります。意味もなく色や形を変えるとどうなるでしょうか。聴講者は、当然その違いに意味がある、意図があると思いますから、「どんな意味だろう」と考えます。しかし、そこに意味がなければ残るのは混乱だけです。色や形を変えるといった他と異なる表現をするということは、変える理由、変えなければならない理由があるはずです。

そして、これは当然のこととも言えますが、「グラフのルールを守る」必要があります。グラフは言うまでもなく数学という学問に含まれるものです。したがって、様々なルールが存在します。数学という分野で使用していないからと言って自由にしてよいわけではありません。多くの方が間違いがちな代表的なグラフのルールについては 058 で解説します。

各種グラフのテクニック

　グラフをより分かりやすくし、意味や意図を伝わりやすくするテクニックには様々なものがあります。ここでは、その代表的なものについて紹介します。

　まず、重要なことは「聴講者を迷子にしない」ということです。すなわち、

- 見てほしいポイントはどこか
- どう見てほしいか

をグラフの表現で示すということです。例えば、表計算ソフトでグラフを作成すると、何もしなければ複数データはすべて異なる色でプロットされます。確かに「データの区別」という点においては一つのやり方と言えます。しかし、通常は、その複数のデータの中で注目してほしいデータがあるはずです。ところが、すべてが異なる色では、それは見えてきません。そこで、例えば注目してほしいデータだけ色を変えて、残りは黒にしたらどうでしょうか（図6-6）。これなら、注目してほしいデータは一目瞭然です。「ここに注目してほしい」という意味が色の変化にあるということです。

図6-6 ▶ グラフのデータ強調

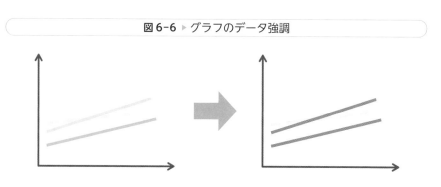

　また、多数のデータをプロットしたときに、バラつきはあるが増加傾向、直線関係（一次の相関）があると判断しているとき、データをプロットしただけでは伝わりにくいです。傾向や関係の判断には、第1段階では主観的要素が入ってくるからです。しかし、ここに「私はこんなふうに読み取ってい

ます」ということを示す補助線を入れたらどうでしょうか（図6-7）。こうすれば、プレゼンターの意図を明確に伝えることができます。もちろん、聴講者がこれに同意してくれるかどうかは別ですが、そこからディスカッションすることもプレゼンテーションの役割です。そのためにも、まずは、プレゼンターの考えが伝わるようにしなければなりません。

図6-7 ▶ グラフ解釈の明示

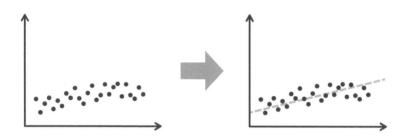

もう一つ例を挙げると、グラフは「可能な限りシンプルにすること」（余計な要素は省く）ことが求められます。多くの表計算ソフトのグラフのデフォルトになっていますが、データセットごとに色を変えるだけでなく、目盛り線をつけることができます。確かに、軸と対比しやすいという面はありますが、グラフ全体がごちゃごちゃして見にくくなります。そこで、これも図6-8のように変更すれば格段に分かりやすくなります。

図6-8 ▶ グラフのシンプル化例

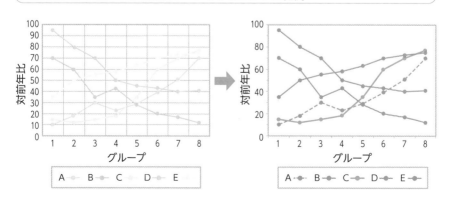

058 ▶ グラフのルール

　グラフを活用するためのテクニックやポイントを解説してきましたが、056 で少し書いたように、数学のツールであることからグラフには「ルール」があります。しかし、多くのプレゼンテーションでそのルールを破っている、言うなれば間違ったグラフが数多く見られます。そこで、そういった間違いを犯して恥をかかないように、また、聴講者を混乱させないために最低限知っておくべきルールについて解説します。

　よく見かけるものに、図6-9のようなものがあります。データの数値に合わせて最大値を設定してそのままグラフを書くと、左のように差が少なく見にくくなってしまうケースです。このような場合、右に示すように、最小値を適当な値に変更して、拡大表示が行われます。これはほとんどの方が目にしたことがあるのではないでしょうか。しかし、この方法では数学のルールに違反しており、拡大したグラフは間違ったグラフとなります。もちろん、データ自体は間違いではありませんが、グラフとしては間違っています。

　棒グラフとは、本来その棒の長さをもって値を示すというものです。したがって、少なくとも最小値はそのデータ群の最小値（この場合であれば0（ゼロ））でなければなりません。右のようにしてしまうと、本来のデータの姿、最小値が分からなくなってしまいます。

図6-9 ▶ 軸の拡大（間違った例）

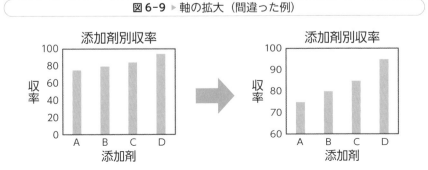

　正しくは、数学のルールに則ればよいのです。図6-10のように、縦の軸と各データに波線を入れて、途中を省略していることを示すのが本来の方法です。軸の最小値は言うまでもなくデータ群の最小値です。こうすれば、正しくデータを伝えることができ、見やすくもできます。このルールを思い出した方もいるのではないでしょうか。そうです、最初に棒グラフを習った小学校の頃に教えられたはずです。

図6-10 ▶ 正しい軸の拡大

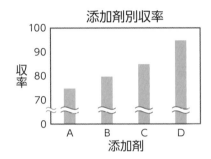

　また、この他にも縦や横の軸に数値が書いていないもの、軸の意味であるラベルが書いていないもの、単位の記載がないものなども頻繁に目にします。すべてグラフのルール違反であることはもちろんですが、これではグラフを見ても意味が分かりません。何も伝わらないグラフということになってしまいます。

　そして、意味を伝えやすくする点においては、そのグラフが何者なのかを示すグラフのタイトルが必須となります。これも、グラフの上にタイトル、または、グラフの下にキャプションとして表記しなければなりません。これも、記載されていないケースが多いと言えます。

　些細なことと感じるかもしれませんが、逆に言えば、些細な手間で正しくできることでもあります。正しく表記すること、グラフを正しく活用することは技術者にとっては基本中の基本です。

059 表のテクニックと活用

　グラフとともに技術プレゼンテーションで多く用いられるものに表があります。しかし、表もグラフと同様に見にくい、分かりにくい、ルールに違反している間違ったものが多数見られます。

　例えば、表6-2のようなものもよく目にします。一見すると問題はないように感じますが、これを見せられて説明を聞いてついていけるでしょか。また、これだけの数のデータを本当に示す必要はあるのでしょうか。

表6-2 ▶ 見にくい表の例

	1月	2月	3月	4月	5月	6月	7月	8月	9月	10月	11月	12月
北海道												
東北												
関東												
中部												
北陸												
近畿												
中国												
四国												
九州												

　このような場合、表6-3にようにまとめることや、どうしてもすべてのデータが必要であれば表6-4のように注目ポイントを示すといった方法があります。

表6-3 ▶ 見やすくする工夫1 （まとめる）

	1Q	2Q	3Q	4Q
北海道・東北				
関東				
中部・北陸				
近畿				
中国・四国				
九州				

表6-4 ▶ 見やすくする工夫2 （注目ポイントを示す）

	1月	2月	3月	4月	5月	6月	7月	8月	9月	10月	11月	12月
北海道												
東北												
関東												
中部												
北陸												
近畿												
中国												
四国												
九州												

　また、表が適さない場合もあります。表6-5のような情報を伝えたいのであれば、表ではなくガントチャートなどに図式化することで直感的に読み取ることができます。

表6-5 ▶ 表が適さない例

項目	スケジュール
工程1	○月○日〜△月△日
工程2	○月○日〜△月△日
工程3	○月○日〜△月△日
工程4	○月○日〜△月△日
工程5	○月○日〜△月△日

一方で、表にすべき時もあります。例えば、

- 今期の売上は、A事業部、B事業部、C事業部の順であった
- 今期の伸び率は、C事業部、B事業部、A事業部の順であった
- 利益率は、A事業部、B事業部、C事業部の順であった

というような場合、一見すると箇条書きで整理されているように見えますが、同じ単語が連発して容易に理解できません。しかし、これも表6-6のようにすれば一目瞭然となります。

表6-6 ▶ 表が適する例

	A事業部	B事業部	C事業部
売上	○	△	×
伸び率	×	△	○
利益率	○	△	×

このように、表は適切に活用できればグラフと同様に強力な情報伝達ツールであることから、ただ並べるのではなく、工夫することも忘れないことが重要です。

060 グラフ、表における ストループ効果

▶ 混乱の理由

「ストループ効果」というものをご存知でしょうか。これは、1935年にアメリカの心理学者であるジョン・リドリー・ストループが提唱した心理効果で、「複数の情報がある時、互いに矛盾する、干渉するなどする時、人はそれらの情報を処理して理解することに時間を要する」というものです。

最も分かりやすい例は、文字と色の組み合わせで、例えば、

となっていると、一瞬戸惑うというものです。このほかにも、図6-11のようになっていると混乱しないでしょうか。

図6-11 ▶ ストループ効果の例

右 ｜ 左

このようなことが起こる理由としては、

- 同時に知覚した二つの情報（色と文字、位置と意味など）を処理に時間を要する
- 文字や形状といった情報と色では情報処理速度が異なる
- 色と文字のような異なる種類の情報のため処理に時間がかかる

と言われています。

▶ プレゼンでも起こる「ストループ効果」

　このように、人はよくも悪くも先入観を持っており、それを「社会の常識」と無意識のうちに思い込んでいる面があります。そして、これと同様のことがプレゼンテーションでも起こるため、注意と工夫が必要です。例えば、図6-12のようなグラフを見てどうでしょうか。通常、最も見せたいのは自社の状況ですから、一番上に表記しています。しかし、一番濃い色が競合Aに使われています。よく見れば分かりますが、直感的には分かりにくく、場合によっては競合Aの変化が最も言いたいことだと勘違いを生んでしまう懸念があります。

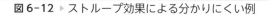

図 6-12 ▶ ストループ効果による分かりにくい例

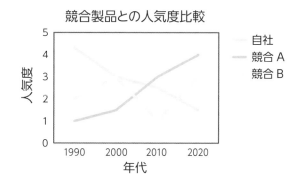

　視覚情報だけでもストループ効果が懸念されるような複数情報の処理を行わなければならない中で、プレゼンテーションにおいてはさらに聴覚からの音声情報も処理しなければなりません。こうなると、脳の情報処理の混乱に拍車がかかることは容易に想像できます。そうなってしまうと、思い込みの影響も強くなり、ストループ効果等によってさらなる誤解を生むことになります。これらはほんの少し注意する、工夫する、気遣うこと、僅かな手間ですべて避けられることです。細部まで気を抜かないことが大切です。

061 ▶ Five line rule & Three second rule

▶ なぜ表現の工夫が必要なのか？

　スライドに文字が多すぎてはいけないことは本書でもすでに何度も説明しており、一般的にも良く知られていることです。そのため、「Five line rule」（「Seven line rule」など、数字はいくつかのパターンがあります）と言われるようなものがあります。これは、「スライドの文は5行以内でなければならない」というものです。あくまでも一つの目安ではありますが、意図は先に述べたように、「不用意に文字を増やさない」ということです。

　しかし、現実にはどうでしょうか。5行どころか、7行すらオーバーしてしまっていたということは容易に想像できそうです。仮に文字数が増えても伝えないといけないことは省けません。そんな時にこそ、表現の工夫を考えなければなりません。

　例えば、ダラダラといわゆるベタ打ちをすると、「文字ばかり」という印象を与え、読む気力、理解する意欲を削いでしまいます。そこで、図6-13のようにレイアウトを少し工夫すると印象は大きく変わります。情報のブロックも分かりやすくなり、それぞれのブロックの要点も見やすくなります。

図6-13 ▶ 文字表記の工夫

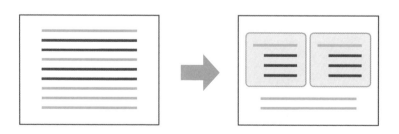

　また、「Five line rule」以外にも、「Three second rule」というものもあります。もちろん、世間で良く言われる、「食べ物をテーブル等に落としても3秒以内に拾えば大丈夫」という意味ではありません（余談ですが、

1秒以内に汚れや細菌は付着します）。これは、「プレゼンテーションのスライドとは、3秒以内に何が言いたいのか、伝えたいのかが分かるようになっていなければならない」という意味です。「Five line rule」と同様に、3秒というのはあくまでも目安、例示であり、意図は「パッと見て分かるようになっていなければならない」ということです。そもそも、スライドとは読むものではなく、見るものであり、したがって、見て分かることがスライドには求められているのです。

▶ タイトル、トップ、ボトム

　このルールを守るために重要となるのが、スライドの「タイトル」「トップ」「ボトム」の三か所です。スライドが表示されたら、みなさんはまずタイトルを見るのではないでしょうか。そして、スライドタイトルから「このスライドはどういうスライドなのか」という予備情報を得て、内容に目をやり、理解を進めていくはずです。内容に目を向ける時も、グラフ等の図にまず視線を向けることが多いと思いますが、それと同時に、スライド本文のトップとボトムを見る人がほとんどです。これは、スライドトップにはタイトルとともに背景や目的などのそのスライドに関する説明が含まれていることが多く、また、スライドボトムにはそのスライドの結論が置かれることが多いからです。

　したがって、これら3点が分かりやすいか、パッと見て分かるようになっているかで「Three second rule」が守れるかどうか、言い換えれば、分かりやすいスライドになっているかどうかが決まるのです。

062 ▶ スライドフローとデザインの基本

通常は、日本語と認識すれば、縦書きの場合には右端の列から順に上から下へ読んでいき、横書きの場合は上の行から順に左から右に、何の指示や表示が無くても違和感無く、戸惑うこともなく自然に読み進めていきます。理由は簡単で、日本語がそういうルールであることを知っているから、言い換えれば経験の中でそのように刷り込まれているからとも言えます。したがって、これに反する書き方をされると、途端に混乱することになります。このように、日本語の文章に限らず様々なものに経験や一種の常識の中で染みついた「ものの見方」というものがあります。毎回説明する必要がないなど便利な反面、ときにはステレオタイプのようなものを生んでしまいます。

プレゼンテーションにおいても、同じようなことが起きます。例えば、061 で多くの人はスライドのタイトル、トップ、ボトムに注目することも同様です。さらに言えば、これも含めて聴講者がスライドを見る時の見方にはパターンがあるということです。そして、そのパターンに意味もなく反すると混乱を招き、分かりにくいスライドになってしまうのです。

では、これらのことを考慮した一般的なスライドの中の流れはどうなのかと言えば、図6-14のような基本のスライドフローがあります。左から右へ、上から下へを基本として、その合成としての左上から右下への流れが自然な流れと言えます。下から上への流れは通常用いないと思われますが、右から左へなどは見ることも少なくありません。もちろん、そこに明確な意味や意図、期待される効果があればよいのですが、そうでなければ自然な流れに逆らうことは避けるべきです。

図6-14 ▶ スライドの基本フロー

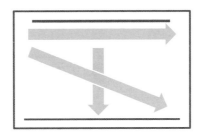

　そして、この基本のスライドフローに則ったスライドデザインの例として
図6-15のようなものが挙げられます。これは、典型的な技術プレゼンテー
ションのスライドパターンです。上から順にまず実験等の目的を示し、それ
に基づいて実験方法を示す、そして、結論へと流れるというものです。デー
タはその根拠、補足資料という位置づけです。あくまでもメインはスライド
の左側で、右側のデータは必要に応じてじっくりと説明を聞きながら確認す
るという考え方です。ただし、これは方法や論理展開（データ解釈等）が明
白な場合にはよいのですが、データ解釈が複雑な場合には左右を逆転させて、
じっくりとデータを説明して結論に至るという方法も考えられます。

図6-15 ▶ 典型的なスライドレイアウト例

　中には、スライドデザインだけを独立に考える人もいるのですが、それは
大きな間違いです。スライドデザインとは、スライドが示すことをどのよう
に説明するか、伝えるかを形にしたものです。「中身、ストーリーあっての
スライド」ということを忘れないことが重要です。

063 ▶ 余白で語る

▶ シンプルに整理しよう

　スライドに文字が多すぎてはダメだということを述べましたが、さらに踏み込んで言えば、「スライドに情報を詰め込み過ぎるな」ということです。

　人が一度に処理できる情報量には限界があります。にもかかわらずスライドに多くの情報が含まれていると、処理しきれずにオーバーフローしてしまい、理解できなくなります。そして、どこに注目すればよいのか、何がポイントなのかも分からなくなり、そのスライドの言いたいことが伝わらなくなります。

　こういった背景から、スライドを作るときには、このセクションのタイトル、余白で語るということがポイントになります。

　伝えたいことをプレゼンター自身がきちんと理解して整理できていれば、簡潔にシンプルに物事を表現でき、余白が生まれます。それができていないから取捨選択ができず、まとまらず、アレコレ詰め込んでしまうのです。

　例えば、スライドの中に説明や結果、データなどのブロックがあったとき、図6-16の左のようにスライドいっぱいにレイアウトするのではなく、右のように余白を設けてレイアウトすると格段に見やすくなります。

図6-16 ▶ スライドに必要な余白

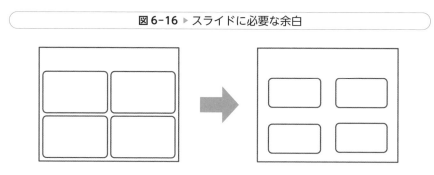

また、ブロックをレイアウトするときには、縦横の並びをきちんと整列することも忘れてはいけません（図6-17）。

　「神は細部に宿る」という言葉のとおり、こういうところでも聴講者は発表者を吟味しています。これがもしもズレていると「いい加減な人」という印象を与え、その印象は発表内容の評価に波及します。また、レイアウトとは異なりますが、過度なアニメーションもスライドの流れを分かりにくくするので控えるべきでしょう。

図6-17 ▶ スライドレイアウトの整列

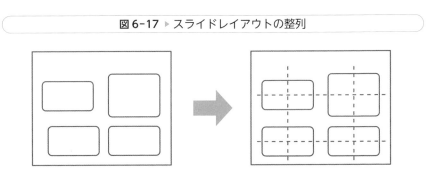

▶ 余白＝見やすさ

　余白を意識してスライドを作成しながらプレゼンテーションを準備すると、もう一つよい効果があります。それは、不思議と気持ちに余裕が生まれるということです。

　そして、発表の時もあれもこれも言わないといけないと思わなくて済むことから、発表時の緊張も和らぎます。中には、話すことの備忘録代わりにスライドに書き込んでしまう人がいますが、聴講者からすれば邪魔な情報でしかなく、聴講者がスライドばかり見て読んでしまい話を聞かなくなることにも繋がります。

　必要な情報は記載しなければなりませんが、余白を残す、すなわち、シンプルにすることで話に集中させる効果も期待できます。

064 ▶ 統一性

▶ スライド流用の落とし穴

プレゼンテーションのスライドには、文字やグラフ、イラストなど様々な要素が含まれます。そして、個々の要素についても、文字であればフォントや装飾、グラフであればグラフタイプはもちろん、線の種類や色、マーカーの種類や色など多種多様です。ただ、中には残念なことに、これらの要素の表現を適当にその時の気分で変えている人もいます。また、別々のプレゼンテーションからスライドを流用したためにパッチワークになってしまっているケースもあるでしょう。

もちろん、ある意図をもって決めていることもあるでしょう。しかし、背景や理由はどうであっても、プレゼンテーションにおいては統一性が求められます。アートであれば「変化を楽しむ」ということもあるでしょうが、特に技術プレゼンテーションはそんなものとは無縁であり、そもそも無縁でなければなりません。

例えば、同じプレゼンテーションの中で、同種のデータを示すグラフが前半では棒グラフが用いられていたのに、後半では折れ線グラフになっていたらどうでしょうか。一瞬「異なる種類のデータなのか」とか、「伝えたいことが異なるのか」と聴講者は思案してしまいます。しかし、実際には同種のデータで示したいことも同じであるとなれば、意味がないどころかプレゼンテーションを妨害するものでしかありません。

また、図6-18 のように、前半ではトラブル発生頻度の推移を示すときにラインBを強調しています。これは、増加傾向にあるという大きな問題を強調するためであったかもしれません。しかし、後半では最も改善率の高いラインCを強調しています。これは、改善の効果をより強く印象づけたい、強調したいという意図と想像されます。確かに説明を聞けば、そして、グラフに示された凡例を見ればどの色がどのラインのデータを示しているかは分かります。しかし、これは理解しやすいといえるでしょうか。また、より分かりやすくしようとして、後半の結論で二つのグラフを図のように並べて示

すこともあるでしょう。そうなると、より混乱が深まります。

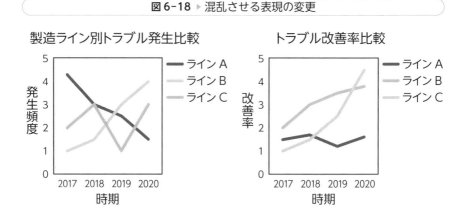

図 6-18 ▶ 混乱させる表現の変更

▶ デザインのルールを決めよう

グラフに限らず、文字でも同様です。通常、スライドの結論は最も伝えたいことの一つですから「強調したい」と考えます。その結果、フォントサイズをより大きくしたり、色をつけたり、時には枠で囲ったりといった工夫がされます。もちろん、こういった工夫自体は過度でなければ効果を持ちます。しかし、前述のように気分や使いまわしで、スライド間でこれらの表現が統一されていなかったらどうでしょうか。逆に分かりにくくするだけです。

先に述べたスライドフローやデザインも同様です。もちろん、すべてのスライドを同じにしなければならないわけではありません。しかし、意味なく変えてはいけません。

「流れ」や「配置」といったスライド全体の構成はもちろん、色、囲みなどの要素に至るまで、スライドには統一性が必要です。そして、それぞれに意味を持たせるだけでなく、その意味も統一されていなければなりません。そのためにも、スライドデザインのルールを決めることが望ましいと言えます。

第**7**章

不安と緊張の克服

065 技術者は人見知り

▶ 議論とプレゼンテーションの違い

プレゼンテーションの難しさには様々なものがあります。ここまでで書いてきたような、内容や構成、ストーリーの組み立てなどもあれば、スライド作りの難しさもありますが、もう一つプレゼンターを悩ませるものがあります。

それは、プレゼンテーションの本番です。「話すことを忘れたらどうしよう」「間違っていたらどうしよう」「質問に答えられなかったらどうしよう」など、考え出すと止まりません。いくら準備万端で本番に臨んでも、人前で話すことに慣れていない方にとっては不安や緊張は消えないものです。

技術者は、普段から技術ディスカッションをしていますが、そんな時にプレゼンテーションで感じるような不安や緊張を意識したことはほとんどないのではないでしょうか。むしろ、自身の考えを雄弁に話すことができているのではないでしょうか。そう考えると、技術者というものは人前で話すことには慣れていることになります。しかし、いざプレゼンテーションになると話が変わります。

それはなぜか。そこには、議論とプレゼンテーションの違いの存在があります。日常の技術ディスカッションは、通常であれば「議論」というスタイルで行われます。「議論」とは、互いの考えを伝えあって、よりよい考え方（答え）を見つけ出す、生み出すプロセスです。そこでは基本的に対等な技術者として聞き手と対峙します。

それに対して、プレゼンテーションは、「報告者」と「その報告内容にコメントする人」という関係性になります。そして、業務においては「コメント」の中に「評価」というニュアンスが含まれることになります。ここに不安や緊張を生み出す種があります。例えば、同僚や後輩と技術ディスカッションをしているときにはまったく不安や緊張がないとしても、上司や先輩が相手となると多少の不安や緊張を感じる人が多くなります。これは、純粋に対

等な技術ディスカッションではなくなっているためであり、プレゼンテーションにおいても同様のことが言えます。

▶関係性が薄いところで話す難しさ

また、技術ディスカッションは、通常、普段から一緒に仕事をしている、言うなれば顔見知りと行うことになります。しかし、プレゼンテーションは状況が異なります。もちろん、社内プレゼンテーションであれば、まったく知らない人たちというわけではないでしょう。しかし、どんな人かはよく分からず、場合によってはほとんど（全く）話したことがない、会ったことがないということもあるでしょう。そうなると、「何を言われるか分からない」「自分よりもよく知っている人かもしれない」という不安が生まれることになります。さらには、相手が一定の権限を持っていることもあり、自身の将来という評価との関わりが頭の中で膨らんでいきます。

こんなふうに捉えると、技術者は技術ディスカッションをはじめ（議論というスタイルで）人に話すこと自体については一定のスキルを持っており、そこに過度な不安や緊張は生まれないと言える一方で、関係性が薄い人たちを前にすると、途端に不安や緊張を感じてしまう生き物のようです。**すなわち、技術者は「人見知り」と言えるのではないでしょうか。**そこに、業務上の評価が入り込んでくると、さらに心理的状況を複雑にすることになります。

本章では不安や緊張の捉え方、軽減の方法などについて書いていきますが、まず認識しておいてほしいのは、プレゼンテーションに不安や緊張を感じる、苦手と思っている方も、「人に話す」というスキルは本質的には持っているということです。ポイントは、「日常の技術ディスカッション、議論とプレゼンテーションの間をどのように埋めるか、どう捉えるか」ということです。「不安や緊張の解消は人見知りを解消するのと同じようなことだ」くらいに思うことも大切です。

066 ▶ 聴講者は本当にカボチャか

▶ 不安や緊張を和らげたいとは言え…

不安や緊張を和らげるために、よくこんなことが言われます。

- 手のひらに「人」と指で書いて飲み込む仕草をする
- 前にいるのはカボチャだと思いなさい

これで本当に不安や緊張が解消されるのであれば、誰も苦労はしません。さらに言えば、前にいるのはカボチャだと、カボチャ畑で話しているなどと本当にそんなふうに思ってプレゼンテーションを行ってよいのでしょうか（図7-1）。

図 7-1 ▶ カボチャ畑でプレゼンテーション ?!

カボチャはご存知のように野菜です。ハロウィンのジャックオーランタンは人のようにふるまいますが、普通のカボチャは話をすることもなければ、人の話を聞くこともありません。そして、そんなカボチャに真面目に話をする人も普通はいません。

すなわち、「聴講者をカボチャと思って話す」ということは、聴講者という存在を無視して、もはや独り言状態でセリフを淡々と話して、形式的にプレゼンテーションを終わらせるということに等しくなってしまいます。これ

で、「プレゼンテーション」と言えるのでしょうか。

　確かに、不安や緊張が悩みの種だということは理解できます。しかし、聴講者を無視しては本末転倒です。伝えたいこと、伝えなければならないことを発信するのがプレゼンテーションであり、そこには必ず「伝える相手」である聴講者がいなければなりません。

　聴講者の反応を見ながら、質疑をはじめとするレスポンスを受けながら進めていくことがプレゼンテーションには求められます。一方通行で話して、聴講者の理解や納得を無視してプレゼンテーションを行っても意味はありません。

▶ 自らカボチャになる聴講者

　ここで、少し見方を変えてこのカボチャ問題を考えてみます。ここまでは、プレゼンター視点で「聴講者をカボチャと思ってプレゼンテーションを行う」という視点でしたが、聴講者の側に視点を移してみます。すなわち、「聴講者が意図して、自らの意思でカボチャになってしまう」ケースです。

　真面目に聞こうとしない、反応しない、質問やコメントもしない。ただただ、黙ってそのプレゼンテーションが終わるのを待っている状態になってしまっているパターンです。

　理由は様々考えられます。例えば、プレゼンテーションの内容がつまらない、興味がない、ということもあるでしょうし、「関係ない」と思いながらも立場上嫌々ながら参加しているということもあるでしょう。また、内容とは関係なく、プレゼンターのプレゼンテーションスキルの問題で話が入ってこない、眠くなってしまっているということも考えられるでしょう。こうなってしまうと、プレゼンテーションは失敗となります。

　プレゼンテーションは、形式上は「プレゼンターからの情報発信の場」という印象を持ってしまいがちですが、決してそうではありません。不安や緊張がそこに生まれると言えども、聴講者の存在があってのプレゼンテーションであり、そこには双方向性が存在します。そのことを忘れてはいけません。

067 ▶ 不安と緊張の原因と解消法

▶ 不安や緊張の原因は？

「不安や緊張はプレゼンテーションにつきもの」とも言えますが、障害要因でもあることは間違いありません。

これを解消するためには、まず原因を整理しなければなりません。対策のための原因究明は問題解決の基本です。

不安や緊張の原因は人それぞれというところもありますが、共通するものがあります。それは

- 考えや言いたいことがまとまっていない
- どう話してよいか分からない
- この内容で良いか分からない（間違ったらどうしよう）
- プレゼンテーションに慣れていない
- 何に不安を感じているか理解できていない

などです。

こういった状態が不安や緊張の根底にあり、整理すると図7-2のように、「知識不足」「準備不足」「経験不足」が原因と言えます。

知識不足は、「間違ったことを言ったらどうしよう」「質問に答えられなかったらどうしよう」という不安を生みます。これは、言い換えれば「話す」という行為自体に不安や緊張を感じているのではなく、「話す内容」に不安や緊張を感じている状態です。

すなわち、プレゼンテーションが苦手なのではなく、自信を持って話せる結果が出せていないと言えます。

準備不足は、「話す内容が飛んでしまったらどうしよう」「うまく話せなかったらどうしよう」という不安を生みます。

そして、経験不足はダイレクトに不安や緊張を生み出します。

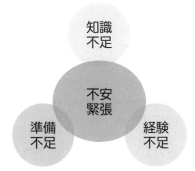

図7-2 ▶ 不安・緊張の3大要因

しかし、これらを客観的に見るとどれも解決不可能ではなく、それどころか自分で何とかできるものばかりなのではないでしょうか。

知識不足だというのであれば勉強をすればよく、準備不足だというのであれば忙しいとは思いますが準備の時間を作ればよく、経験不足だというのであれば苦手だからとプレゼンテーションから逃げずに飛び込んでいけばよいのです。まずは、自らを省みることが重要です。

▶完璧偏重主義にならないように！

また、完璧偏重主義で失敗を過度に恐れる必要もありません。いくら業務上のプレゼンテーションだからと言って、新人や若手にベテランと同じレベルは要求しないはずです。積極的に経験を積み、その中で足りない知識を補い、効率的に準備することを学べばよいのです。

失敗を恐れて逃げていては、成長も進歩もありません。極端な言い方をすれば、若いうちにこそ積極的にチャレンジしてよい失敗をすることが大切です。後になればなるほど、失敗しにくくなるのものです。

そして、「不安や緊張を感じるのは自分だけではない」ということも覚えておいてください。どんなにプレゼンテーションに慣れた人でも、不安や緊張は多少なりとも感じます。違いは、その「程度」です。

ある意味では、「不安や緊張もプレゼンテーションの構成要素の一つ」ぐ

らいに思うことも大切です。

　そんな不安や緊張を少しでも和らげるためには、図7-3に示すように「味方を見つける」「何が不安かを考える」「徹底的に準備する」「徹底的に練習する」ことです。

　例えば、味方を見つけるというのであれば、好意的な人、頷いている人、メモを取っている人、アイコンタクトできる人などを会場で見つめるのもよいでしょう。そして、不安や緊張を受け入れることも必要です。

図7-3 ▶ 不安や緊張を和らげる

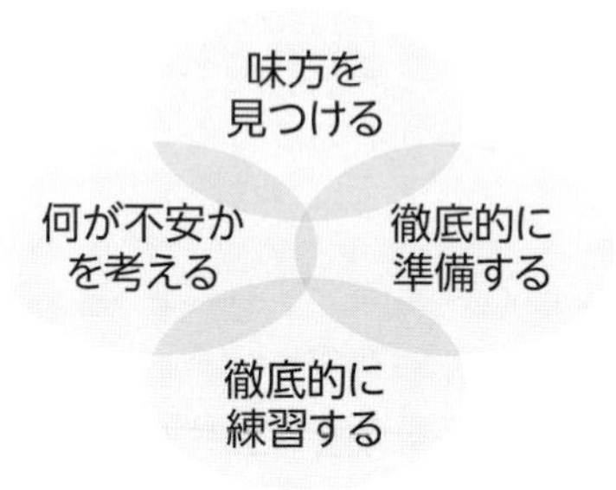

味方を
見つける

何が不安か
を考える

徹底的に
準備する

徹底的に
練習する

068 ▶ 全員が 100％満足できる？

　不安や緊張を感じる要因については 067 で述べましたが、その中で完璧偏重主義にも触れました。ここでは、これについてもう少し考えてみたいと思います。

　完璧偏重主義に関わる不安や緊張の要因として、「聴講者の方に満足してもらえなかったらどうしよう」「不満を感じさせたらどうしよう」といったものがあります。特に、業務の中で行うプレゼンテーションにおいては、これらは自身の評価にもつながりますから気になるところです。もちろん、「理想のプレゼンテーションは」と言われれば、全員が100％満足するものということになりますが、現実にそんなことがいつでもできるでしょうか。

　プレゼンテーションの聴講者は一人ということはなく、様々な人が含まれます。例えば、セミナーにおいては図7-4のように、階層、レベルも様々で、予備知識を持っている上級者もいれば、ほとんど初見という初心者もいるでしょう。「目的」という観点でも、広く情報収集という方もいれば、ピンポイントの目的（例えば今自分が抱えている問題の答え）を求めて参加する人もいます。また、自分で望んで参加したモチベーション高くアグレッシブな方もいれば、上司の指示で気が乗らないまま参加していきなりウトウトしてしまう人もいます。

図7-4 ▶ 様々な参加者

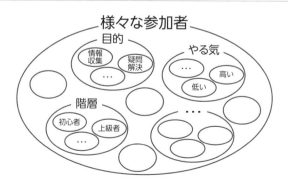

果たして、このような多種多様な参加者を一つのプレゼンテーションで100％満足させることができるでしょうか。

　上級者に合わせれば、初心者には理解できません。逆に、初心者に寄せれば、上級者には物足りないものとなるでしょう。広く情報収集を目的とする方には、深く掘り下げるというよりは広範囲に概論を話す方が適しているかもしれません。一方で、ピンポイントの目的を持っている方にとっては、求めるものがなければ不満となります。

　したがって、理想は「全員100％満足」ですが、現実には困難であるとも言えます。このように考えれば、完璧偏重主義で「100％満足」という点で不安や緊張を感じる必要はないと言えます。

　もちろん、「理想を捨てなさい」「不満な人がいても無視すればよい」と言っているわけではありません。ここで言いたいのは、「そこに不安や緊張を感じる必要はない」ということです。その上で、「どうすれば理想に近づけられるか、まずは満足は得られなくとも少なくとも不満を感じさせないためにはどうすればよいか」という考え方をすればよいのです。そのように考えることができれば、不安や緊張も少しは和らぐのではないでしょうか。

　仮に、万一不満を感じさせてしまったからといってそれですべてが終わるわけではありません。プレゼンテーションが終わった後にフォローすることも可能です。ぜひ、このように考えていただければと思います。

069 ▶ 上手に話す？

▶ 司会とプレゼンテーションは異なる

　不安や緊張もさることながら、プレゼンテーションで多くの方が望むことに「上手に話したい」があるのではないでしょうか。「話が上手だね」「慣れているね」といった評価を貰えるとはもちろんうれしいものです。芸能界や司会業の方など、世の中には人前で話すことを職業としている方も多くいます。こういった方たちは、もちろん前述のような評価を得ています。ただ、それらと同じ事がプレゼンテーションでも求められるのでしょうか。彼らの話し方は確かに一つの手本と言えるかもしれません。しかし、芸能活動や司会がプレゼンテーションと同じかと言われれば、そうは言えないのではないでしょうか。

　にもかかわらず、日常生活で目にする上手な話し方を過度に意識してしまうと、それが不安や緊張を生んでしまいかねません。しかも、その不安や緊張は本来求められていない、言うなればズレた認識によって生まれた不要な不安や緊張とも言えます。そんなものに悩み、惑わされる必要はまったくありません。あえて言えば、芸能人や司会業といった話すプロフェッショナルのようにプレゼンテーションをすると、時に聴講者に不信感を抱かせたり、距離を感じさせてしまうこともあります。

　ところで、そもそもプレゼンテーションにおける「上手に話す」とはどういうことなのでしょうか。「立て板に水」という言葉がありますが、「詰まらずに、流れるように話す」ということなのでしょうか。確かに、聞き取りにくいほどたどたどしい話し方はプレゼンテーションの障害となります。しかし、これでは「話す」という行為が目的ということになってしまわないでしょうか。プレゼンテーションの目的は「話す」ことではないはずです。

▶ どうすればよく伝わる？

　プレゼンテーションに求められていることは「伝える」ことです。したがって、重要なことは、

「上手に話そうとするのではなく、分かりやすく話す」
ことです。

　具体的には、「素人にも分かるように」「専門外の人でも理解できるように
分かりやすく」、極端な言い方をすれば「中学生にもわかるように」話すと
いうことです。技術プレゼンテーションで言えば、「詳細な理論や原理は理
解できないまでも、言っていることは分かる」という状態です。そんな話し
方がプレゼンテーションには求められます。

　そのためには、話す内容も当然重要です。聴講者が何を知っていて、何を
知らないかを理解していなければ分かりやすいプレゼンテーションにはなり
ません。この辺りについては、すでに説明したとおりです。その上で、「分
かりやすく」ということを実践していきます。例えば、よく言われる「大き
な声でハッキリと」や「早口にならない」などです。話し方自体の詳細につ
いては、後述します。

　繰り返しになりますが、まずは「上手に話す」と考える前に、「分かりや
すく」ということを心がけていただくことが重要です。そんな「分かりやす
く」という一生懸命な想いが話し方にも現れると、聴講者の方も「何とか理
解しよう」というふうにも思ってくれます。そうなれば、多少のたどたどし
さは問題にはならなくなります。そのためにも、「仕事でだから」ではなく、
「聞いていただく」という謙虚な気持ちも大切と言えるでしょう。

070 ▶ プレゼンテーションに慣れるためには

▶ 基本的知識を得よう

　不安や緊張を軽減していく、プレゼンテーションスキルを高めていくためには何が必要でしょうか。本書を含めて解説書や教科書等を読んで勉強するということも必要です。また、私も年に数回開催していますが、プレゼンテーションに関するセミナーを受講するのも一つの方法です。

　学びの基本と言えますが、まずはベースになる基本的知識を得ることは必要不可欠です。何もわからないまま闇雲にプレゼンテーションを繰り返しても期待するような進歩は得られません。また、基本が分かっていればあり得ないような初歩的なミスをする危険性もあります。そして、せっかくよくないところ、修正ポイントを指摘、アドバイスしてもらっても理解できないということにもなりかねません。さらに言えば、そのような状態でプレゼンテーションを行うことは大事な時間を割いて聞いてもらっている聴講者に対して失礼です。

▶ 場数を踏もう

　しかし、こういった知識を得ることは必須ではあるものの、残念ながらそれだけでは足りません。もう一つ必要不可欠なものは、「場数（経験）を踏む」ことです。これも学びの基本ですが、得た知識は実際に使って初めて修得できます。頭だけで「分かった」「できる」と思っていても、現実には実行できない…そんな経験をしたことは誰でも一度や二度ではないでしょう。そのためにも、先にも述べた通り苦手だから、失敗したくないからといってプレゼンテーションのチャンスを逃していけません。

　「経験を積む」とは、もちろん実際にプレゼンテーションを行うことです。そして、経験を積むといえばほとんどの方は、前述のように実際にプレゼンテーションを行うことをイメージされると思います。しかし、経験値を得る方法はそれだけではありません。図7-5 に示すように、他者のプレゼンテーションを見ることでも経験値は得られます。そして、このような経験値を得

るチャンスは日常の中にいくらでもあるのです。

図 7-5 ▶ 経験値の獲得

場数（経験）を踏むこと

実際にプレゼンする　　プレゼンを見る　　日常

　実際にプレゼンテーションを行うという場合も、「現実にはそれほど日常的にプレゼンテーションをするわけではない」と感じる方もいるかもしれません。しかし、プレゼンテーションの経験値を得る場はそれだけではありません。一対一であっても人と話すことは、「自身の意図を相手に伝える」という意味においてプレゼンテーションの模擬練習に十分なります。また、会議で発表する、質問することも、同様に経験値を得ることができます。

▶ 他人のプレゼンの見方

　また、見るという場合も、社内の誰かがプレゼンテーションを行っているのを見るだけでなく、学会も含めた社外の場で聴講することでも、インターネット上にアーカイブされているプレゼンテーションの動画を見ることでも経験値を得られます。そして、この時に重要なことは、ただ漫然と見るのではなく、「学ぶ姿勢」で見ることです。例えば、「よい」と感じたことをまねることはもちろん、ここはダメだと感じてもそこで終わりにせずに、「自分ならどうするか」を考えるのです。そうすれば、よい手本だけでなく、反面教師としての悪い例からも多くを学ぶことができます。学びの場、成長のチャンスはいくらでもあるのです。

071 ▶ 練習法

▶ まずは声に出そう

　プレゼンテーションを実際に行ったり、見たりすることで経験値を積んで不安や緊張を軽減でき、プレゼンテーションスキルも向上することはすでに述べた通りですが、それだけではまだ足りません。もう一つ必要なこと、それは練習です。指摘やアドバイスを受けて、「次からこうしよう」と考えたり、他人のプレゼンテーションを見て「まねてみよう」と思っても、実際にそれらをすぐに実践できるかは別です。

　頭で思うだけでできるようになるのであれば、誰も不安や緊張など感じず、プレゼンテーションのプロばかりになります。自分のものにして実践するためには、やはり練習が必要不可欠です。

　さて、みなさんは現実問題として練習されているでしょうか。中には、「業務が忙しい」という理由で、ぶっつけ本番という方もいるのではないでしょうか。また、「練習している」という方の中にも、実際にはパソコンの画面上でパタパタとスライドを切り替えながら頭の中でシミュレーションしているだけというケースがあるのではないでしょうか。これでは、練習しているとはとても言えません。少なくとも脳内シミュレーションで済ませることはほとんど効果は期待できません。スライドの中の誤字脱字に気づくレベルのものです。

　「練習」とは、本番と可能な限り同様にして行うものであり、いわゆるリハーサルです。もちろん、本番と同じ会議室等でまったく同様にというわけにはいきませんが、では、具体的にはどのような練習をすれば良いかといえば、まずは声を出して行ってみることです。そうすることで、実際に話す内容を言葉としてチェックでき、「言いにくい」「話しにくい」などにも細かく気づくことができます。さらには、可能な限り誰かに聞いてもらえると、聴講者視点で「聞きにくい」「分かりにくい」「早すぎる」などを知ることでき、なお高い効果を得られます。そして、誰かに聞いてもらう場合には、実際の会場とは異なっても通常スクリーンに投影しますから、スライドの見やすさ、

分かりやすさもチェックできます。

▶ 時間を測って実際に話す

　もう一つ重要なことは、「時間を計測する」ことです。これは、ほとんどの方がされていると思いますが、ただ前述のように脳内シミュレーションで時間を計っても意味はありません。頭で考えるのと実際に話すのでは時間が異なります。このためにも、実際に話すことが重要なのです。

　そして、トータルの時間を計るだけでなく、スライドごとの時間もきちんと計測することが効果的です。そうすることで、時間配分の偏りも分かり、トータル時間の調整が必要な場合でも、どこを調整するかの目安を得ることができます。また、極端に時間をかけているスライドがあれば、情報を詰め込み過ぎている可能性が高いので、そういったことにも気づくことができます。

　そのほかには、話すリズムやスピードの確認はもちろん、スムーズにスライドを移動していけるかも確認します。うまくスライドの切り替えができない、話しにくい部分があるということは、ストーリーのつながりに無理がある可能性が高いと言えます。例えば、「論理に飛躍がある」「自分の中で納得できていない部分がある」などです。そういったところに聴講者は敏感に気づきますから、練習で解消しなければなりません。

　そして、ついつい無意識に発してしまう「あー」「えー」「うー」といった、「言葉のひげ」に気をつけることも重要です。これらは、言うまでも意味はなく、聞きにくくするだけものです。言葉のひげが出てくるということは、そこで話すことを考えているということになりますから、「ストーリーが整理できていない」「頭に入っていない」というシグナルとも言えます。

　練習では、極端な言い方をすれば、どんどん失敗すればよいのです。そうやって、ダメなところ、修正すべきところをあぶり出して本番の完成度を上げるのが練習の役割です。

第 8 章

技術プレゼンに必要な
コミュニケーション

072 プレゼンテーションは コミュケーション

▶ 一方的に伝えるだけ？

　多くの方が持つプレゼンテーションのイメージは、「プレゼンターから聴講者への情報や意思の伝達」ではないでしょうか。確かに、外見上はそのように受け取れるかもしれません。しかし、本当にそうなのでしょうか、本当にそれで良いのでしょうか。もしプレゼンターからの一方的な情報発信でよいのであれば、資料を配布するだけ、動画を見せるだけでもよいことになります。本当にそれでよいのであれば、プレゼンター、聴講者の双方にとって時間を束縛されることはなく、効率的であると言えます。ここまででも何度となく述べてきたとおり、聴講者あってのプレゼンテーションです。多くの方のイメージのような一方通行の情報発信は、聴講者を無視しているのと同じことです。

　プレゼンテーションとは、単なる情報発信ではなく、質疑やディスカッションも含めてプレゼンターの情報発信と聴講者の受信、そして、逆に聴講者からの質問、コメントなどを含む、双方向の情報コミュニケーションプロセスです（図8-1）。このようなコミュニケーションによって、意思疎通を行い、理解や納得を深めていくことができるのです。

図8-1 ▶ プレゼンテーションとコミュニケーション

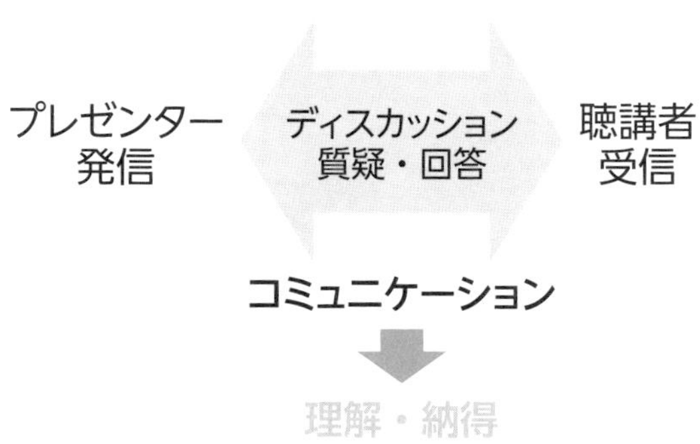

プレゼンター　　ディスカッション　　聴講者
発信　　　　　質疑・回答　　　　受信

コミュニケーション

理解・納得

▶コミュニケーションとは何か？

ここで、コミュニケーションというものについて改めて整理しておきます。「今さらコミュニケーションの説明など不要だ」と思われるかもしれませんが、実はこのような日常的に慣れ親しみ、使い慣れている言葉でも明確にその意味や定義が理解できないことが少なくありません。このような言葉は、「ビッグワード」と呼ばれます。耳に心地よく、使っている方（プレゼンター）も聞いている方（聴講者）も分かっているつもりになってしまう落とし穴とも言うべきものです。

「コミュニケーション」という言葉の意味を調べると、様々な表現がされていますが、それらに共通することがあります。それは、

- 意思疎通
- 理解し合うこと
- 情報を受け取り合う、伝達し合うこと

といったものです。すなわち、「双方向性」が求められるということです。これこそがコミュニケーションの本質であり、プレゼンテーションに求められることなのです。したがって、聴講者を無視する、一方通行で情報発信するなどという状態はプレゼンテーションとは呼べないのです。

そして、このようなコミュニケーションとしてのプレゼンテーションを成立させるためには、

- やり取りされる、伝えられる情報が明確になっていること
- 聴講者が理解できるように表現されていること
- 感受力（相手の状態を理解する）

といったことが求められます。すなわち、何を伝えるべきかが整理されており、それらが分かりやすく表現されている、そして、相手の状態や要求が理解できていることです。さらには、これらのためには、「聴講者自体」を理解していることも必要なことは言うまでもありません。

「プレゼンテーションはコミュニケーション」と捉えるだけで、見方、考え方が変わります。

073 ▶ 技術者が苦手なアイコンタクト

▶ 目は口ほどにものを言う

　プレゼンテーションとはコミュニケーションであると `072` で述べましたが、そこで重要となるものの一つに「アイコンタクト」があります。よく「相手の顔を見て話しなさい」「相手の目を見て話しなさい」と言われます。日常会話でも、目線を合わせない、反らす人、顔を伏せながら話す人などは、どうしてもどこかで疑ってしまう、信頼度を低く見てしまうはずです。

　これらはまさに、コミュニケーションの条件としていかにアイコンタクトが重要かを示しています。

　プレゼンテーションというコミュニケーションは、スクリーンに投影される、または、手元の資料からの視覚的情報と、プレゼンターの説明からの聴覚的情報が基本となります。しかし、コミュニケーションはこれらだけで成立するものではありません。特に意思疎通を行うためには、これらだけでは困難です。そこで必要となるのが、これら以外の情報、特に視覚的情報に含まれるものです。その代表がアイコンタクトということになります。コミュニケーションは言葉だけではないのです。

▶ プレゼンテーションの場面での工夫

　しかし、実際のプレゼンテーションを見ると、プレゼンターがパソコンの画面ばかり見ていることが少なくありません。また、スクリーンの方ばかり見ているために、聴講者はプレゼンターの顔を見ることができず、後頭部しか見えないということも少なくありません。こうなると、聴講者はプレゼンターの存在を無視するようになります。そして、十分なコミュニケーションが取れないという事態を生みます。

　こういった状況は、ちょっとした工夫で抑制できます。例えば、スクリーンの左右どちらに立つかも重要です。聴講者の側から見て、プレゼンターの利き手側に立つ（右利きのプレゼンターであれば、聴講者から見てスクリーンの右側）と聴講者の側を向きやすくなります。逆側に立つと、スクリー

ンを指すときにどうしても聴講者の側に背中を向ける方向になってしまうからです。

　ただ、いざアイコンタクトを取ろうと思っても難しいのも事実です。相手の目を見ようとしても、緊張もあって睨みつけているようになってしまう心配もあります。また、聴講者は１人ではありませんから、複数の人とのアイコンタクトのとり方も、難しいと感じるかもしれません。しかし、それほど難しく考える必要はありません。複数の聴講者がいるからといって、一人ひとりに順番に目線を合わせるのではなく、「会場全体を順番に見る」「顔を向ける」と考えれば良いのです。

　コンサートなどで、ファンの人が好きなアイドルと目線が合ったと喜んでいる報道などを見たことがあるはずです。しかし、ファンとアイドルの距離を考えれば、数千人から１万人以上いる中で明確に目線など合うはずもありません。顔が自分の方を向いて、一瞬そこで止まったことを「目線が合った」と感じているのです。プレゼンテーションでも同じことで、会場全体を適当なエリアに分けて、顔や目線を向ければよいのです。そうするだけでも、聴講者に与える影響が大きく変わります。

　また、そうやってアイコンタクトを取ることは別の効果も生みます。アイコンタクトを取る中でプレゼンターも聴講者の表情等を確認することができます。そこで、少し首をかしげているように見える、眠そうにしているなどを感じることができれば、話し方や話す内容を調整することもできます。また、ニコニコしてくれている、頷いてくれているなどが目に入れば、緊張も和らぎます。これこそがコミュニケーションです。

　そして、アイコンタクトが重要だと言っても、必ずしも目と目を合わせるだけではなく、仕草や表情なども含めたコミュニケーションができるようになることが重要です。まずは目線としてのアイコンタクト、その上で状況に合わせて全身を使って聴講者と意思疎通をしていきましょう。

▶ 寝ている人には悪気はない

　プレゼンテーションはコミュニケーションであり、双方向性が重要であると説明してきました。しかし、現実にはいくらプレゼンターがコミュニケーションを取ろうとしても、聴講者がそれを受け入れてくれないケースもあります。いわゆる、「厄介な聴講者」です。

　ここでは、そんな困った人をどう捉えて、どう対処していくかについて考えていきます。

　まず、認識しておかなければならないことは、世の中には様々な人がいること、そして、何をどうしようが残念ながら厄介な人たちとある程度の確率で出くわしてしまうことです。例えば、みなさんの職場にも、何を言ってもケチをつける人、「あなたの仕事はケチをつけることですか」と言いたくなるような人がひょっとしたらいるかもしれません。だからこそ、対処についてあらかじめ考えておく必要があるのです。

図8-2 ▶ 寝ている人

　厄介な人たちにも、いくつかのタイプがあります。よく目にするのは、寝ている人、すぐに寝てしまう人です（図8-2）。寝ていること自体は、寝言やイビキでも出ない限りは直接的な害はありません。しかし、だからと言って放置してよいものでもありません。そこに聴講者として参加しているということは、聞いてもらわなければならないことはもちろん、何らかの判断やコ

メント等をして頂かなければならない人です。そんな人を、「直接の害はないから」と寝たまま放置するわけにはいきません。

　確かに、「仕事中に寝るなど間違っている」と言えばそのとおりです。寝ている人もそんなことは百も承知です。寝てしまう人の立場で考えると、「たまたま疲れている」「話に興味が無い」「つまらない」など様々な理由が考えられます。「疲れている」というのはプレゼンターにとってはとんだとばっちりですが、「話がつまらない」というのはプレゼンターにも責任の一端はあるかもしれません。

　では、寝ている人にはどう対処すればよいのでしょうか。寝ていることを指摘して直接叩き起こすという方法もありますが、やはり相手にも立場があります。確かに起こすことはできても、その後が問題になります。そもそも人が集中できるのはせいぜい 20 ～ 30 分程度と言われています。ですから、適度な休憩などをプログラムの中に入れることも効果的です。

　プレゼンター自身がその場でできることとしては、声の大きさを変える（例えば、意図的に適当な部分で声を大きくする）、挙手でもよいので何らかのアクション、ワークを取り入れる、寝ている人との近くの方に話しかけるなどがあります。

▶ 攻撃的な人がいる場合

　そして、寝ている人以上に厄介なのが、冒頭で挙げたような攻撃的な人です。このタイプは、プレゼンテーションの場の空気を悪くするため直接的な悪影響を生みます。そして、プレゼンターに対してアクションが起きていますから、何らかの対処が必須になります。

　まず、攻撃される前に要注意人物を見つけておけると、心の余裕もできます。例えば、斜めに座っている、ふんぞり返っているなどでは典型的な兆候です（図 8-3）。こういった状況が見つかったら心の準備を始めましょう。

図 8-3 ▶ 攻撃的な人

そして、対処の基本は慌てないこと、絶対に応戦しないことです。相手の方はやる気満々なのですから、応戦したら思うツボで火に油を注ぐようなものです。まずは、相手の発言を受け入れましょう。もちろん、まったく的外れな発言ということもあるでしょう。それでも、いったんは「なるほど、そういう考え方もありますね」と受け入れましょう。

　周りの人は、その指摘が間違っていることをみんな認識しており、「またこの人か」と思っていますから大丈夫です。もちろん、自分が間違っている時は素直に認めてください。

　その上で、例えば「その点については考えが及ばなかったので何かアドバイスやヒントになるようなものがあればいただけると幸いです」というように聞き返すということも方法の一つです。攻撃的に感じる人の中には、実は答えを知っているにもかかわらず質問や指摘をする人がいます。ただ、自分からそれをひけらかしたくない、言いたくないと思い、その裏返しとして手痛い指摘として表現されているというようなケースです。そんな時は、問いかけることで扉を開いてもらえることも少なくありません。「攻撃もまた広い意味ではコミュニケーションである」「ただコミュニケーションが苦手な方なのだ」くらいに受け取ることです。

　これら以外も、プレゼンテーションには様々な方が参加され、様々なことが起こります。慌てず、「議論を楽しむ」という気持ちを持ってください。

075 ▶ 技術者はナルシスト!?

▶ 技術者は本当に口下手か?

よく「技術者は口下手で、人と話すことが苦手である」というようなことが言われます。さて、みなさんはどのようにお感じでしょうか。このように言われる背景にはいくつか考えられますが、一つには専門用語やロジックをうまく説明することが難しいために伝わたりにくいことが挙げられます。そして、技術者自身も説明が難しいので話すことを避けるという面もあるでしょう。また、技術やサイエンスの世界は、日常とは少し距離があるので独特のコミュニティになっているためとも考えられます。さらには、普段一人で考え、実験することが多いため、人と関わることに慣れていないという人もいます。

しかし、一方で技術者同士の場合や学会等での討論はどうでしょうか。みなさん活発に、時には水を得た魚のようにディスカッションを行っています。自らの得た結果や考えをときには、目をキラキラさせて嬉々として話し、相手の質問などにも堂々と対応しています。そう考えると、「技術者が口下手や話すことが苦手」というのは本質的には当てはまらないことになります。したがって、「技術者は話すのが苦手だからプレゼンテーションも苦手」というロジックも通じないことになります。

▶ ナルシストと思われないように

一方で、プレゼンテーションの場は基本的には技術者の集まりになります。そのため、ある程度プレゼンテーションというものに慣れてくると、流暢に話せるようになってきます。これはこれでよいことなのですが、懸念もあります。それは、**プレゼンターが独走してしまって、「独演会」になってしまう**ことです。こうなると、聴講者を置き去りにしてプレゼンテーションが進んでいくことになります。

自らが示す結果や考えに自信を持つことは大切で、それを高らかに披露するのがプレゼンテーションとも言えます。しかし、残念なことに少なからず

その自信が行き過ぎて自分に自分が酔ってしまうことがあります。程度の差はあれど、ある程度の結果を出している技術者は、あからさまに言わないまでも「自分は素晴らしい結果を出した特別な人」という感覚を持つことがあります。言うなれば、「ナルシスト」の側面を持ってしまうことがあるということです。

「ナルシスト」とは、自己評価が過度に高く、自己に酔ってしまって陶酔しているような状態、人です。そして、この裏返しとして「自分以外は自分よりも劣っている」「自分が正しい」という感覚を生んでしまうことがあります。これは、言うまでもなく他者との関係性に悪影響を与えます。自己肯定感はメンタル面で必要なのですが、それが行き過ぎてしまうと問題を生むことがあります。

このような状態になってしまうと、話し方や態度にそれが現れてしまいます。自分では意識していなくても、腕組みをする、ポケットに手を入れる、演台に寄り掛かるなど尊大なそぶりを見せてしまいます。そして、ナルシストな状態になると、「話してやっている」「説明してやっている」そんな意識すら生まれてきます。そうなると、聴講者の質問やコメント、アドバイス等の受け取り方も変わります。せっかく質問してくれているのに、「つまらない質問だ」と決めつけて適当に対応する。せっかく、コメントやアドバイスをくれているのに、「余計ことを言っている」とあしらってしまう。

そんなプレゼンターを見て聴講者はどう思うでしょうか。イライラを感じるであろうことは容易に想像できます。そうなれば、コミュニケーションどころではありません。場合によっては、真面目に聞いてすらもらえない、相手にしてもらえない可能性もあるでしょう。自信を持つこととナルシストは全く違います。聴講者あってのプレゼンテーションであり、だからこそ、コミュニケーションが必要不可欠なのです。

行き過ぎた自信は慢心であり、プレゼンテーションの阻害要因でしかありません。決して、「ナルシスト」と呼ばれるような状態にならないでください。

076 ▶ 熱く、熱く技術を語る

▶ 論理がすべてではない

　プレゼンテーションを考えるとき、内容や構成が重要なことは言うまでもありません。しかし、内容や構成だけでプレゼンテーションが成立するわけでもありません。本章で説明しているとおり、プレゼンテーションはコミュニケーションでもあり、コミュニケーションは人と人の関係性の中で成立するものです。そして、人が介在するにおいて忘れてはならないものに「感情」があります。人とは感情の生き物であり、技術プレゼンテーションと言えども、すべてが論理で成立するものではありません。

　人は誰しも、

　信念を持っている人には惹かれる

　情熱を持って頑張る人には協力したい

こんな風に思うものではないでしょうか。逆に、「どうでも良いと思っている」「やらされ仕事」としか思っていない人に対しては、こんなふうには思えないはずです。

　ある国家プロジェクトの審査のプロセスでこんなことがありました。審査の最終段階になって、審査官から「詳しい話を聞きたいから霞が関に来てほしい」と呼ばれました。当時の社長と一体何を聞かれるのかドキドキしながら、たくさんの想定資料を用意して行きました。指定された部屋で待っていると、責任者の方を先頭に7、8人だったでしょうか、関係者の人達が入ってきました。そして、責任者の方が開口一番に口にされたのは、

「今日は申請書の内容や、技術のお話は結構です。お呼びしたのは、今回のプロジェクトに対する御社の想い、熱意を知りたいからです。そのためには、メールや書面ではなく、直接お会いするしかないと考えました」

でした。

　私も社長も顔を見合わせて、狐にでもつままれたような感じを受けました。無事、このヒアリングも含めて審査は通過しましたが、ヒアリングを終えて感じたのは、まさに前述の信念や情熱といったことを確認されたかったのだ

ということです。国家プロジェクトに限らず、研究開発、技術開発は大きな困難を伴う、容易には実現できないチャレンジでもあります。大きな壁にぶつかっても簡単に諦めるのではなく、「何としてもやり遂げる」という情熱が必要ではないでしょうか。そして、「やり遂げられるはずだ」という信念が必要なのではないでしょうか。審査責任者の方も同様のことをおっしゃっていました。「大事な税金を投入するのだから、途中で簡単にさじを投げられては困る」ということです。

▶ 信念と情熱は大切にしよう

　こんなことからも、プレゼンテーションにおいてはプレゼンターの信念と情熱が重要だと言えます。「面倒くさい」「どうせダメになるに決まっている」などと思っていては、無意識にその思いが現れてしまいます。そして、聴講者はそういった感情を敏感に察知します。そうなれば、「何とかしてあげたい」「協力したい」などとは思いません。そんな状況はコミュニケーションは成立せず、せっかく素晴らしい内容であっても否定されてしまうことになります。したがって、プレゼンテーションは、それが技術プレゼンテーションであったとしても淡々と話すのではなく、信念と情熱をもって語らなければなりません。

　そして、前述の体験談に現れているとおり、信念と情熱をもって語ることは、聴講者に対してだけでなく、プレゼンターにも大きく関わっています。信念と情熱をもって語るためには、その内容、すなわち、日常の仕事にも信念と情熱が必要です。そうでなければ、そんなふうに語ることはできません。熱意をもって仕事に取り組むことができれば、困難にも打ち勝つことができますし、得られた成果について自信を持って話すことができます。プレゼンテーションとは、日頃の仕事の成果の発露であることも忘れないでください。

第9章

技術者の論理と想いを伝える
話し方・パフォーマンス

077 ▶ 伝わる話し方の基本と本質

▶ プレゼンテーションの話し方の基本

　いかに時間と労力をかけてプレゼンテーションの準備をしても、本番で失敗すれば元の木阿弥です。「話す内容を忘れてしまう」「緊張で挙動不振になる」など様々なことが起こりますが、多くの方が特に心配されるものの一つに「話し方」があります。話し方で印象が大きく左右され、時には内容の是非にまで影響を与えることもあります。ただ、話し方と一口に言っても日常会話とは異なります。

　一般的にプレゼンテーションの話し方としてよく言われることには、

- 大きな声で話す
- ボソボソ話さないでハッキリ話す
- 語尾を濁さない
- うつむかない
- 胸を張る

といったことがあります。どれも重要なことです。

　いくらマイクを使っても、小さな声では聞き取りにくくなります。また、学会や比較的規模の大きな社内プレゼンテーションなどではマイクを使うことになるでしょうが、最も頻繁であろうチーム内や部署単位でのプレゼンテーションではマイクを使わないことも多いでしょう。また、声の大きさとも関連しますが、ボソボソと話されると聞き取りにくくなります。ボソボソと話している人を見ると、口をほとんど開けていなかったり、動かしていません。意識的に口を開ける、動かすことを心がけましょう。

　また、語尾も大切です。言葉選びとしての、断定的表現と推論的表現という意味もありますが、語尾に向かってどんどん声が小さくなっていく竜頭蛇尾状態の方がいます。「終わりよければ総てよし」という言葉もありますが、特に日本語は語尾で印象が決まる性質を持っているので、語尾が濁されると聞き手にネガティブな印象を与えます。

　話し方には、これら以外にも「態度」「見た目」も重要な要素として含ま

れます。伏し目がちでうつむいて話されると聞き取りにくいことはもちろん、「何か後ろめたいことでもあるのか」と聴講者に不信感や不安を与えてしまいます。もちろん、この不信感や不安には、前述の声の大きさや語尾なども関わってきます。やはり、人は自信がないときには無意識に声が小さくなり、ぼそぼそとした話し方をして、語尾を濁すようになります。聴講者はそういった部分を敏感に感じ取ります。

　そこで効果的なのが、胸を張って話すことです。胸を張って話していると、当然顔は前を向き、大きな声を出すことができます。そして、自信を演出することができます。逆の言い方をすれば、「胸を張れる内容になっているか」ということが重要でもあります。胸を張るというのは、見た目だけの問題ではなく、様々な意味で重要なことです。胸を張れば表情も明るく、快活になっていきます。

▶ 棒読みにならないように！

　もちろん、プレゼンテーションにおいては胸を張って大きな声でハッキリと話せばそれでよいわけではありません。内容やスライドも重要です。そして、文字どおりの「話し方」も重要なポイントになります。具体的には、

- スピード
- リズム
- 抑揚

が代表として挙げられます。いくら大きな声でハッキリと話していても、それが早口であれば聞き取りにくいことは言うまでもありません。また、話すリズムや抑揚も大切で、例えば、一本調子で淡々と棒読みされたらどうでしょうか。これでは、話している内容のどこがポイントなのかが分かりません。そして、こんな話し方をされれば聴講者側はどうしても眠くなります。昔の話ですが、高校生の頃、生物の先生がまさにそういう話し方の方で、その授業が午後だったりすると、ただひたすら睡魔との戦いで内容など頭に入ってきませんでした。みなさんもそんな経験があるはずです。したがって、「話し方」も重要ポイントということを忘れず、適度に感情を込めて話すようにしてください。

078 ▶ すぐに使える話し方のテクニック

▶ 大統領の演説に学ぶ

　ここでは、077で説明した「話し方」についてもう少し考えてみたいと思います。話の上手な方は世の中にたくさんいらっしゃいます。例えば、リンカーン元アメリカ大統領やオバマ元アメリカ大統領の演説は有名です。

　ただ、リンカーンの肉声を録音であっても耳にした人は少ないと思いますので、ここでは多くの方が一度は聞いたことがあるであろうオバマ氏を例に取り上げましょう。

　彼の演説にはいくつかの特徴があります。まず、非常に聞き取りやすい、理解しやすい英語を使っていることです。その証拠に、彼の演説は中学の英語の教科書に採用されています。この背景には、アメリカは移民の国でもあるので、アメリカに住んでいても英語がそれほど得意ではない人も多いことも関係しているのでしょうが、何よりも聴衆に分かりやすくということを考えた結果であると言えます。これがプレゼンテーションにも通じることは言うまでもありません。

　そして、聴衆を惹きつけるリズムや抑揚を持った話し方をしています。冒頭の部分ではやや穏やかに、しかし、佳境にさしかかるにしたがってどんどんボルテージを上げていき、重要な部分では身振り手振りも大きくなっていきます。そうやって、聴衆の興奮を演出して引き込んでいきます。これも、プレゼンテーションに通じるところではないでしょうか。もちろん、大統領演説のように話すという意味ではありません。「いかにして聴衆を惹きつけるか」という点においてです。

　そして、有名な冒頭から佳境への流れの中での「I」から「We」への主語の変化です。こうすることで、聴衆に自分事としての印象を植え付け、そして、自らの行動を促しています。これもプレゼンテーションに通じるものです。プレゼンテーションには様々な種類があると説明しましたが、いずれにおいても何らかの形で聴講者に行動や決断を求めるものです。その意味において、聴講者にプレゼンテーションの内容を自分事として感じても

らうことは重要なことです。

▶ いろいろ役立つテクニック

オバマ氏の例以外に、プレゼンテーションで使える話し方のテクニックを
さらに挙げると、

- ゆっくりと話す
- テンションを高めに
- 聴衆に目線を向ける
- 「言葉のひげ」を入れない
- 使い慣れた言葉を使う

といったものがあります。

「ゆっくり話す」ことは、すでに述べた「早口では聞き取りにくい」とい
うことにも関係しますが、ここでの意味はさらに意識して、「ゆっくり話し
ているな」と話しながら自分で思えるぐらいにゆっくり話すということです。

プレゼンテーションの本番になると、どうしてもある程度の緊張が生まれ
ます。そうなると、ほとんどの方は無意識に早口になっていきます。それを
踏まえれば、意識してゆっくり話すぐらいでちょうどよいということです。

「テンションを高めに」というのは、何も「興奮して話してください」と
いう意味ではありません。先に述べた「情熱を演出する、伝える」という意
味です。緊張によってついついやや他人事に感じられるような話し方になっ
てしまうことを避けるためです。そして、テンション高く、情熱をもって話
せば、一本調子の棒読みになることもありません。その熱意で聴講者を惹き
つけることもできます。

「聴衆に目線を向けること」は、すでに述べたアイコンタクトとつながりま
すが、話しながらしっかりと聴講者に目線を向け、聴講者とコミュニケーショ
ンをとることを忘れないようにしてください。聴講者の様子を見ることで、
「理解に苦しんでいるな」「眠そうだな」といったことを感じ取ることもでき
ます。そうすることで、聴講者を無視した話し方を避けることができます。

「言葉のひげ」とは、071 でも触れましたが、ついつい無意識に出てしまう、
「あー」「えー」などです。言うまでもなく、これらにはまったく意味も価値
もありません。時間の無駄遣いであり、なおかつ話の流れを切って聞き取り

にくくすることで、聴講者をイライラさせるものです。こういった言葉のひげが出てしまう背景には、話す内容がプレゼンターの中で整理できていないということがあります。すなわち、準備不足の結果です。

　使う言葉も、ついついハレの場、公式の場という意識もあって、着飾った言葉を使いがちです。しかし、普段使い慣れない言葉は話しにくいだけで、意識を言葉づかいの方に持っていかれてしまいます。もちろん、「友人と世間話をしているような話し方をしよう」という意味ではありませんが、極力普段使い慣れた言葉を選ぶことです。着飾った言葉を使おうとすると、それで緊張が増すことはもちろん、間違った使い方をしてしまう懸念もあります。「伝えたいことが伝わる」ことがすべてです。

　このほかにも、テクニックは様々ありますが、今回はここまでの紹介にとどめようと思います。ただ、冒頭で示したオバマ氏のように、参考になる話し方の例は世の中に数多くあります。ぜひそういうものも参考にしてください。

079 ▶ あなたも「情報」の一部

▶ その場で話す意味

　プレゼンテーションにおけるプレゼンターの役割や重要性についてはすでに述べたとおりですが、ここで「プレゼンテーション本番」という視点でこの点ついてもう少し考えてみたいと思います。

　聴講者がスライドや手元の資料しか見ないのであれば、それはプレゼンテーションとは呼べませんし、プレゼンターがそこで話す意味はありません。スライドしか見ないのであれば説明は録音テープで流せばよく、資料しか見ないのであれば資料を配布すれば事足ります。しかし、それだけでは聴講者に伝わらない、理解できない、納得できないからプレゼンテーションという形になるわけです。

　そこで重要となるのがプレゼンターであり、プレゼンターが「その場で話す意味」がなければなりません。言い換えれば、「情報の主たる発信源はスライドでも手元の資料でもなく、プレゼンター自身でなければならない」ということです。プレゼンター自身もまたプレゼンテーションの構成要素、「情報」の一部であるということです。

▶ プレゼンターが情報発信源になるために

　では、どうすればプレゼンターが情報発信源となれるのでしょうか。話しているのだから、それで情報発信源になっているという考え方はもちろんあります。しかし、それでは録音テープと同じです。文字や記号、グラフだけでは伝わらないニュアンスや程度、想いといったことをどう伝えるのかが、プレゼンテーションのポイントでもあります。そこで重要となるものの一つが 077 でも述べた「話し方」です。声のトーン、スピードなどで文字や数字といったデータだけでは伝わらないことを伝えるのです。

　日常会話でも、重要な部分、伝えたいことのコアに当たる部分では話し方が変わっているはずです。ただ、普段の会話ではそれを無意識のうちに行っているので気づいていないだけです。プレゼンテーションでは、あえてそれ

を意識して行うことが求められます。また、ニュアンス（「違いの程度」や「変化の度合い」など）も同様です。もちろん、データを見ればどれぐらい違うのか、変化しているのかは分かりますが、それでは聴講者にすべてを丸投げしているようなものです。プレゼンターが話し方でそういったニュアンスを示すことで、自分の意図を伝えることができ、聴講者の誤解を避けることもできます。

　また、話し方だけでなく、表情、身振り手振りも重要です。話すことだけがプレゼンターの情報発信ではありません。先にも述べた通り、うつむき気味に話す、目線を合わせないなどは、「自信のなさ」という情報を発信しているのと同じです。一方で、明るい表情でしっかり聴講者の方を向き、胸を張って話せば、それは「内容に対する自信」を発信することになり、信頼性の高い印象を与える効果があります。そして、身振り手振りは、それだけで動きなどの情報を伝えるということはもちろん、レベル感や程度といったニュアンスを表現することもできます。

▶ 第一印象の重要性

　もう一つ重要なこと、それはファーストインプレッション（第一印象）です。「人を見かけで判断してはいけない」とは言いますが、現実には第一印象は重要であり、ここに最も影響を与えるのが外見です。当然のことですが、聴講者は必ずプレゼンターを見ます。それも、プレゼンテーションが始まってすぐ、時には始まる前から見ています。これは、ある意味では「値踏みをされている」とも言えます。「どんな人が話すのだろうか」「このプレゼンターはどんな人だろうか」と、聴講者は聴講者なりに情報を得ようとします。もちろん、聴講者とプレゼンターが会話をするわけではありませんから、彼らの情報源は「見た目」ということになります。そして、その印象に影響を与えるのが、服装はもちろん、仕草、動作、所作です。何も「いつもスーツを着てネクタイを締めて正装をしなければならない」という意味ではありません。特別なこと、難しいことを考えず、その企業、その場に合った服装や所作であればよいだけです。基本は、社会人、大人の常識で考えることです。

080 ▶ そこにモノがあるように

▶ ボディーランゲージを使おう

079 で、プレゼンター自身が身振り手振りを上手に使って情報発信源になることの重要性と効果を説明しました。これは、いわゆるボディーランゲージを用いて全身を使って伝えるということです。

日本の古典芸能の一つに落語がありますが、落語はまさにこのボディーランゲージを用いて演者が情報を発信する極みの形とも言えます。落語では、もちろんスライドなどは使いません、話し方も含め、演者自信と扇子だけですべてを表現します。時には、座布団から膝立ちになり、腕をいっぱいに伸ばす。手に持った扇子は、箸になったかと思えば、杖にもなる。そして、手はどんぶりにもなれば、本にもなります。そんな上手な落語の演技を見ると、情景が浮かんでくるのではないでしょうか。そこには何もないのに、どんぶりと箸、そして、蕎麦があるように見えるのです。これこそ、プレゼンテーションが目指す姿の一つではないでしょうか。

過去にこんな独特なパフォーマンスをする方がいました。有機化学、特に高分子分野の研究者の方ですが、その方が赤外分光法という分子構造、分子運動を評価する分析手法を用いた結果を発表するとき、全身の身振り手振りでそこで説明しているデータが示す分子運動を、
「この左右の拳が水素原子です。そして、私の頭は炭素原子です。これらが、このように運動しています。これがこのピークが示すものです。」
という具合に表現していました。知らない人が見れば演台で踊っているように見えます。時には、ハンドマイクのために声が聞きにくくなることもありますが、それはご愛敬。しかし、単にスライドに分子の絵を出されて矢印でその動きを示されるよりも格段にイメージが沸きます。

プレゼンテーションは、プレゼンターの頭の中のイメージを聴講者に伝え、聴講者の頭の中にそのイメージを再構築するものでもあり、イメージをいかに伝えるかが重要であるとこれまでも述べてきましたが、その方はまさにそれを実践されているのです。

▶ 聴講者の意識を向けさせる

　プレゼンテーションにおいては、「実験の風景、現象のイメージを聴講者の頭の中にいかにして浮かばせるか」が重要なのです。それでこそ、伝えたいことがすべて伝わったと言えます。

　特に技術プレゼンテーションでは、反応や分解など様々な現象を取り扱います。それらをスライドという形にして伝えるわけですが、それだけでは十分ではないこともしばしばです。特に「動き」や「変化」というのは、絵やグラフでは伝わりにくいものです。もちろん、アニメーションや動画という方法もありますが、手間もかかり、いつでもできるものではありません。そんな時に、プレゼンター自身がそれを表現する、それがボディーランゲージです。

　例えば、実験の中で発泡が起きたことを伝えたいとき、ただ「発泡しました」とだけ言い、スライドで発泡している絵を出したとしましょう。もちろん、それで発泡が起きたことは伝わります。しかし、その程度は伝わるでしょうか。そんな時に、話し方として「ブクブクと噴火するように激しく発泡しました」という言い方の工夫はもちろん、両手を使ってその激しい発泡を表現したら、その程度も含めてより伝わるのではないでしょうか。

　そして、このようなパフォーマンスには、もう一つ効果があります。それは、聴講者の注目を集められることです。演台でプレゼンターが全身を使って動き出したら、誰しもそちらに視線と注意を向けます。「いかにして聴講者の意識、注意を自分に向けるか」ということもプレゼンテーションにおいては重要です。ウトウトしていた人、内職をしていた人も顔を上げるのではないでしょうか。また、プレゼンターの熱意も伝わります。こんな効果もありますから、ぜひ、恥ずかしがらずに全身を使って伝えることにチャレンジしてみましょう。

081 ▶ ポインターの効果的な使い方

▶ 特定の場所を指し示す

プレゼンテーションを行う時に、ほとんどの方は話しながらスライドの特定部分を指し示すと思います。基本的には、話の流れに合わせてスライドの流れを作っているはずなので、何もせずに話すということも可能ではありますが、聴講者に対して親切かと言われれば、やはり分かりにくいこともあります。また、流れはあっても、ここに注目してほしいということもあります。

例えば、グラフの説明で明らかに変化しているポイントがあれば、「急激に変化しています」と言えば伝わることも期待できますが、特定のデータを見てほしいときなどは、口頭でデータ名を言っても、聴講者はどこにそのデータがあるのかを探さなければなりません。

同様のことは、表でも起こります。表9-1のようなものがあったとき、さらにこの中で特定のデータを見てほしいとき、口頭で「Cのウ」と言えば分かるとも言えますが、やはり聴講者は探さなければなりません。そのデータだけで色を変えるなどの方法もありますが、複数データの場合には逆に見にくくなります。しかし、スクリーン上でそのデータを指し示せば、聴講者は迷子にはなりません。

表9-1 ▶ ○○の不良発生数

	A	B	C	D	E
ア	1	5	3	9	3
イ	3	8	3	4	6
ウ	6	2	1	7	8
エ	2	6	8	2	2
オ	9	0	5	6	9

スクリーン上の特定の場所を示すとき、過去には「差し棒」と呼ばれるような、長い棒や伸び縮みするアンテナのような構造のものを使っていました。ただ、どうしても PC とスクリーンが離れているために無駄な動きが増えてしまいます。そんなこともあって、現在はほとんどがレーザーポインターを使用するか、画面（スクリーン）上のカーソル（マウスポインター）が利用されています。

▶ ダメなパターン

ただし、レーザーポインターやカーソルを使用するときにも注意すべきことがあります。まず、よくある典型的なダメなパターンは、意味もなくやたらと動かすことです。スクリーン上のある部分を指したいとき、多くの方はそこを中心に円を書くようにグルグルと回転させます。しかし、聴講者はレーザーポインターやカーソルで示されれば当然そこ（ポインターやカーソル）に視線を向けて追いかけようとしますから、やたらと動かされたら、どこを指しているのか分からなくなります。

そんなときは、まず 1 回だけ指したい場所を中心に円を書く等でポインターやカーソルを見つけやすくします。その後、1 点で固定し、聴講者の視線が固定されたところで、オフにすれば十分です。いつまでも指している必要はありません。そんなことをすれば、プレゼンターはスクリーンの方をずっと見ることになってしまいます。「ここを見てください」と示した後は、聴講者の方に視線を戻し、聴講者の顔を見ながら話してください。

また、プレゼンテーションアプリも高機能化しているので、PC 上のカーソルを利用される方も増えています。その際、カーソルとなるマウスポインターの形をスクリーン上で見やすいように変えることも忘れないでください。デフォルトの白い小さなカーソルのままでは聴講者にはほとんど見えません。プレゼンテーションアプリの機能にあるレーザーポインタースタイルに変える、OS の設定でマウスポインターを大きくして色を変えるなどの工夫が必要です。また、PC 画面上のカーソルを使う時には、タッチパッドのアクションでスライドが切り替わってしまうこともあるので注意してください。

082 ▶ 「つかみ」で掴む

▶ 場を和ませて距離を縮める

　「つかみ」という言葉があります。ひょっとすると初めて目にした方もいるかもしれませんが、関西では非常に馴染み深い言葉です（余談ですが、私自身も関西人です）。ちなみに、この「つかみ」という言葉を辞書等で調べると、「相手の関心を惹きつけること」といった説明がされています。漫才等で、最初のところで客を惹きつける、すなわち、「客の心を掴む」というもので、関西人は日常会話でも意識します。「つかみは OK」などと表現もあります。

　この「つかみ」はプレゼンテーションでも非常に重要なものです。セミナーなど、オープンに聴講者を集めて話すような場合などで、セミナーの内容とはあまり関係のない時事ネタなどを話すシーンを目にしたことがあるはずです。これこそ、まさに「つかみ」です。場を和ませて聴講者の緊張を和らげ、プレゼンターとの距離を縮める効果があります。研修などで言う「アイスブレイク」と同様です。要するに、ファーストインプレッション（第一印象）で相手との距離を縮めて引き込むのです。

　セミナーなどでも、プレゼンターは「先生」と呼ばれたりもするぐらいで、聴講者からは、「難しい話をするのだろう」「この人は私とは違う偉い凄い人なんだろう」「気難しいだろう」などと思われていることが少なくありません。そうなると、どうしても身構えて聞いてしまう、一歩引いてしまって質問等も出にくいといった状況を生んでします。そんな時に、「つかみ」で世間話などがあり、笑いでも起きれば一気に状況が変わります。

　冒頭の部分、まさに「つかみ」で、聴講者の誤解を解いて、「おもしろそう」「役に立ちそう」「気さくな人」というような印象を与えることができれば、プレゼンテーションにおいて重要なコミュニケーションを成立させるために大きな効果があります。聴講者自ら近づいてきてくれるなど、まさしく、「つかみは OK」です。

▶ 「あるある型」と「驚き型」

　では、どのようにすればよいのでしょうか。いくつかのパターンはあるのですが、ここでは代表的なものを二つ紹介したいと思います。一つ目は、「あるある型」です。これは、聴講者が聞いたときに「そうそうそう」「そうだよね」と抵抗感なしに同意できることを話す方法です。例えば、プレゼンテーションに関するセミナーの冒頭で、「やっぱり、プレゼンテーションというのは緊張しますよね」や、「プレゼンテーションの準備って何をどうすればよいのか、よく分からないですよね」というような話をしたらどうでしょうか。プレゼンテーションのセミナーをわざわざ聞こうという人たちですから、「緊張なんかまったくありません」「準備もサクサク終わります」などという人はいないでしょう。すなわち、「この人は自分の悩みを分かってくれている」と感じるのではないでしょうか。ところが、「緊張などというのは気の持ちようです」などと言われたらどうでしょう。「この人は何もわかっていない」と感じるのではないでしょうか。このように、「あるある型」は比較的掴みやすいという特徴があります。ただ、大きなインパクトを与えることは難しい面もあります。

　「つかみ」で大きなインパクトを、ということになると、「驚き型」が有効です。これは、聴講者の意表をついて、文字どおり聴講者を「えっ、どういうこと？」と驚かせて興味を沸かせる、聞きたいと思わせることで惹きつけるという方法です。あるある型に比べてより強く掴める一方で、さじ加減が難しい面もあります。驚きを大きくしたいために、まったく予想も想定もできない突拍子もないことを言ってしまうと、「スムーズに理解できない」「ついて行けない」といった事態を生んでしまうことがあるので注意が必要です。

　「つかみ」を活用するためには、「あるある型」であろうと「驚き型」であろうと、その他のタイプであっても聴講者のことを理解していなければうまくいきません。聴講者を理解することの重要性はすでに述べていますが、「つかみ」という側面からも重要だということです。そして、様々な状況に対応できるように、日ごろからネタを仕込んでおくことも必要です。慣れないうちは難しいかもしれませんが、ぜひチャレンジしてみてください。

「間」で理解させる

▶「間」はリズム！

「つかみ」の説明の中で、関西人には馴染み深いものであると書きましたが、もう一つ、関西人にとっては身近なものでプレゼンテーションと深く関わるもの、それは、「間」です。いわゆる、「話の間」「会話等におけるリズム」とでも言えるもので極端な言い方をすれば関西人にとっては生きる術とも言えるものです。関西では「間」が悪いと厳しく突っ込まれます（他の地域でもそうなのかもしれませんが…）。

では、なぜこの「間」がプレゼンテーションと深く関わるのか。それは「間」とはコミュニケーションスキルだからです。特に、「相手に理解を促す」という意味において重要なものとなります。プレゼンターはプレゼンテーション中は基本的に、話を途切れさせることなく続けます。しかし、それを初見で見聞きする聴講者にとっては、ついていくのは一苦労ですし、ときには「ついていけない」という状態になります。そうなると、図9-1に示すようにプレゼンテーションの進行と聴講者の理解との間にタイムラグが生じることになります。そして、このズレがどんどん蓄積されていくと、「プレゼンテーションが理解できない」という事態を生みます。

図9-1 ▶ 「間」がないとき

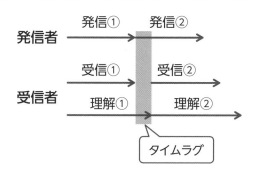

ここで効果を発揮するのが「間」です。図9-2に示すように、話題やスライドの切り替わりなどのポイントに「間」を置くことで、聴講者はそこまでの情報を咀嚼し、遅れを取り戻し、理解する余裕が生まれます。そうすることで、次の話題や次のスライドへと移っていくプレゼンテーションについていくことができるようになります。

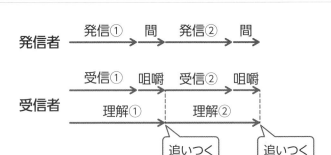

図9-2 ▶ 「間」があるとき

▶「間」を恐れない

　では、この「間」にどのくらいの時間を充てればよいでしょうか。あまりに長すぎると間延びしてしまい、逆に聞き取りにくい、「間の悪い」状態になってしまいます。一概には言えない難しい問題ではありますが、通常はコンマ何秒、長くても1秒程度、一呼吸というレベルで十分です。ほんの一瞬に感じられる時間があるだけで、理解の深度は大きく変わります。

　慣れないうちは、その一瞬であっても「間」は恐怖に感じられることもあるでしょう。しかし、適度な「間」は聴講者の理解にとって極めて効果的なものです。恐れずに、少し長めの息継ぎをするくらいの気持ちでぜひ実践してみてください。

084 ▶ 強調テクニック

▶「ここがポイントです」

プレゼンテーションは、そのコアとなるキーファクターをいかに伝えるかが重要であり、シンプルであることが望ましいことはすでに理解されていると思います。しかし、だからと言ってキーファクターだけでは聴講者は理解できません。そこで、予備的説明や補足説明といったものが必要になります。ただし、単純にそういった説明を増やすだけでは、キーファクターが説明に埋もれてしまい、聴講者は何がキーファクターなのかを容易に認識できない、見つけられないという事態を生んでしまいます (図9-3)。

図 9-3 ▶ キーファクターと説明

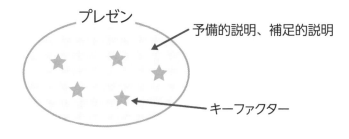

「分かりやすく」という点では、何がキーファクターで、何が予備的説明、補足なのかを伝えること、すなわち、キーファクターを目立たせて明示する「強調テクニック」が必要となります。強調テクニックには様々なものがあり、最もシンプルで分かりやすい基本テクニックは、ダイレクトに「ここが重要です」「ここがポイントです」と言ってしまうことです。教師が「ここテストに出るからね」と言うようなイメージです。一見、直接的すぎるように感じるかもしれませんが、何も悪いことではありません。

ただ、やはりこれをプレゼンテーションの中で何度も繰り返してしまうとどうしても野暮ったくなります。そこで、別の方法でポイントシグナルを聴

講者に送る方法を考えることになります。そこで、重要となるのが「話し方」です。リズムやメリハリのない話し方をされると眠くなることはもちろん、聴講者は全てがフラットに見えて、どこに集中して良いか、どこかが重要なのか分からなくなります。

▶「間」もうまく使ってみよう

　話し方でポイントシグナルを送る方法には様々なものがあります。例えば、083 でも述べた「間」を活用する方法です。キーファクターを話す前に僅かな「間」を置くことで聴衆にシグナルを送り、注目を集める効果があります。「間」によってリズムがわずかに変わることで、ある種の違和感を与え、それによって惹きつけるのです。また、「間」よりも長い「沈黙」というテクニックもあります。「間」はわずかに感じる程度ですが、「沈黙」は明確に1、2秒程度、無言状態を生みます。より強く明確に注意を惹きつけることはできますが、長すぎると単なる違和感にしかならず、むしろ聞きにくくなりかねないので難易度の高いテクニックといえるでしょう。「間」までいかなくとも、「話すスピードを変える」「キーファクターの部分で少し話すスピードを緩めてゆっくり話す」という方法もあります。日常で、聞き手により理解を促すためにゆっくりと諭すように話すのと同じことです。

　話すスピードだけでなく、声の大きさでもシグナルを送ることはできます。キーファクターのところで声を大きくすることはもちろん、逆に小さくすることも効果的です。もちろん、聞き取りにくいほど小さくするということではなく、集中度を高めるために少しだけ小さい声にするという意味です。また、繰り返すことも効果的です。キーファクターを複数回プレゼンテーションの中に散りばめるイメージですが、やはり何度も出てくれば意識や記憶に残りやすく、一種の刷り込み効果も得られます。

　このような強調テクニックをうまく活用することで、聞きやすい、理解しやすいプレゼンテーションとすることができます。

085 ▶ 「転」でこける

　転でこけると言われても、何だろうと思われた方もいるかもしれません。ひょっとすると、ストーリー構成の起承転結の転だと思い、技術プレゼンテーションに転は不要と説明したはずなのにと思われたかもしれません。

　ここでいう「転」とは、起承転結の「転」ではなく、**話題が切り替わるところ、スライドの切り替わり**など場面転換点の「転」です。例えば、こういった場面は、聴講者が迷子になるキラーポイントと言えます。

　話題の切り替わるところでは、聴講者がその切り替わり、転換点に気づかないままプレゼンテーションを聞いてしまい、遅れたところでそれに気づくということがあります。しかし、プレゼンテーションはすでに進んでおり、巻き戻しはできません。そうなると、当然のことながらプレゼンテーションについていけず、理解できないという結果になります。

　例えば、技術プレゼンテーションで実験方法を説明してその結果を話していくケースを思い浮かべてください（図9-4）。

図 9-4 ▶ プレゼンテーションの転換点

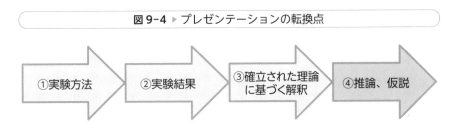

①実験方法　②実験結果　③確立された理論に基づく解釈　④推論、仮説

　結果の解釈（③）について、最初はすでに確立された理論や考え方に沿って話していたが、途中からはそれらを踏まえたプレゼンターの推論や仮説（④）に切り替わっていることはよくあるパターンと言えます。当然、最初の確立された理論等に基づく部分（③）は聴講者は素直にそのまま受け入れることになりますが、後半のプレゼンターの推論等（④）は議論の対象となります。この転換点が図9-4に示すように明確であれば、聴講者は正しくそれらの情報を受け取ります。しかし、図9-5に示すようにこの転換点が不明

確な場合には聴講者は推論を推論と受け取らず、確認されたもの、言うなれば事実（③のようなもの）として受け取ってしまうことになります。

図9-5 ▶ 分かりにくい転換点

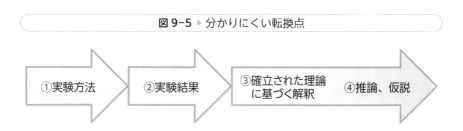

そして、そのように誤解したままプレゼンテーションが終わったり、途中でそれに気づくということになりますが、特に後者の場合には、聴講者は「分かりにくい説明である」と不満を抱くことはもちろん、場合によっては「誤魔化された」と受け取ってしまい、プレゼンテーション全体に疑念を持つことにもなりかねません。そんなことになれば、当然プレゼンテーションは失敗です。

また、話題の切り替えだけでなく、スライドの切り替えにも注意が必要です。ストーリーの完成度が高ければ聴講者は次のスライドを予想でき、実際にその通りにプレゼンテーションが流れていくので「こける」ことはありません。しかし、完成度が低い場合や大きな変化が生じる場合には混乱を生むことになります。プレゼンテーションはそんなことにはお構いなしに流れていきますから、戻ることもできず、手元に資料があったとしても、聴講者はそれを見返している間に置いていかれることになります。

このように、プレゼンテーションは一つのストーリーではあるものの、その構成は複数の場面で形作られています。そのため、どうしても転換点が存在します。プレゼンターは当然十分転換点を理解していますが、聴講者はそうではありません。しっかりと導くようにしてください。

086 ▶ 持論爆弾で自爆する技術者

▶ ノリノリ状態の恐怖

　プレゼンターが弱気な話し方をすると、聴講者は

「内容に自信が無いのだろうか」

「何か怪しいところがあるのだろうか」

と心理的不安を感じます。したがって、自信を持って覇気のある話し方をすることが求められます。言い方を変えれば、「そのような話し方ができる内容で、しっかりとプレゼンテーションを準備しなければならない」ということです。

　しかし現実には、経験が浅いと、どうしても緊張のため、たどたどしい話し方になってしまうものです。しかし、そこで苦手意識を持ってプレゼンテーションを避けるのではなく、スキルを上げる努力をしつつ、経験を積めば徐々に緊張も和らいでリラックスして話せるようになります。ただし、物事には「程度」というものがあります。適度なリラックスを通り越してノリノリ状態になると逆効果になります。確かにノリノリ状態になると、どんどん言葉が出てきて見かけ上はまさに「立て板に水」の如く流暢に話せます。しかし、その状態はプレゼンターの暴走状態であり、もはや独演会です（図9-6）。

図9-6 ▶ プレゼンターの暴走

▶ 客観性を見失わないように！

「プレゼンテーションはコミュニケーションである」と説明しましたが、暴走、独演会状態では聴講者は置き去りです。それでは、コミュニケーションなど不可能で、プレゼンテーションとは言えません。適度なリラックス状態であれば、適度な余裕が生まれ、聴講者の方を見て様子を確認しながらコミュニケーションをとってプレゼンテーションを進めることができます。

このような独演会にしないように注意する必要があるのですが、技術プレゼンテーションにおいては緊張や慣れとは別の原因で独演会状態になることがあります。それは、「持論爆弾で自爆する」というパターンです。技術プレゼンテーションでは、客観的な結果と共にプレゼンターの考えである推論や仮説、新たな理論を述べ、成果を披露することになります。もちろん、ここでも自信を持って話して欲しいのですが、プレゼンテーションの時点では、まだ持論でしかありません。

しかし、自信が行き過ぎて「持論がすべてである」という勘違いをしてしまうことがあります。技術プレゼンテーションとは、持論を説明し、その是非を含めて「問う」場でもあります。にもかかわらず、「こうである」というような独演会になってしまっては技術プレゼンテーションとは呼べません。しかし、技術プレゼンテーションではこのような状況が頻繁に見られます。特に、プレゼンターが「素晴らしい発見をした」「すごい成果だ」というような感じ方をしている時に起こりがちです。せっかくの素晴らしい結果であったとしても、持論爆弾を炸裂させてしまっては元の木阿弥です。ここでも、プレゼンテーションはコミュニケーションであり、「聞いていただいている」という謙虚な気持ち、そして、「技術プレゼンテーションは議論の場である」ということ忘れないようにしてください。

087 技術者の苦手な日本語

　技術者は日常的に専門用語を駆使し、難しいディスカッションを繰り返しています。そんなこともあってか、技術者は話したり、書いたりすること、すなわち、日本語が得意であると思われてしまっている側面があります。しかし、よくよく考えれば技術者はいわゆる「理系」です。文系科目である国語がどちらかと言えば苦手というのが実情です。そのため、間違った日本語の使い方も少なくありません。ここでは、ありがちな間違いについて見ていきたいと思います。

　まず、技術者に限らず多くの方が間違った使い方をしている日本語の代表的なものを表9-2にまとめています。もちろん、このほかにも数多くありますが、技術プレゼンテーションで使用される可能性が高いと考えられるものをピックアップしています。間違えること自体が恥ずかしいということもありますが、まったく違った意味に捉えてしまっている点が大きな問題です。この間違いによって誤解を生み、場合によってはそれによってプレゼンテーション自体が否定されてしまうことにもなりかねません。

表9-2 ▶ 間違った意味用法

間違いやすい言葉	誤	正
さわり	冒頭、最初の部分	要点
割愛	不要と考え省略	やむを得ず省略
確信犯	悪いと分かっての行為	正しいと信じての行為
しおどき（潮時）	引き際	ベストタイミング
おもむろに	不意に	ゆっくりと
うがった見方	ひねくれた見方	本質を見抜く見方

　また、こういった間違いだけでなく、プレゼンテーションの場、特に技術プレゼンテーションでは使用を控えるべき表現もあります。それらをより適

切な言い換え例と共に表9-3にまとめました。左欄のものは意味は通じるとは言え、「稚拙である」「主観的である」と聴講者に感じさせるなどの問題があります。「物は言いよう」という言葉もありますが、まさにそのとおりで、言い方一つでニュアンスや感じ方が大きく変わります。

表9-3 ▶ 言い換え表現

避けるべき表現	言い換え例
とても・すごく	非常に・極めて
だいたい	ほぼ・おおよそ
だから	したがって
でも・だけど・けれど・けど	しかし・しかしながら
どうやっても・どうしても	いかなる手段を用いても
～と思う。	～と考えられる。～の可能性が考えられる。
～と感じる。	～と推測される。～と思われる。
～はおもしろい。	～は重要である。
～を知りたい。	～を理解する必要がある。
～した方がいいと思う。	～すべきである。～する必要がある。
～○○さんは間違っている。	～の見解には再考の余地が残る。
こんな話を聞いたことがある。	このような事例が挙げられる。
そんな事実はない。	そのような事実は認められない。
みんなが～（だ）と言っている。	一般に～（だ）と言われている。
みんなが～（だ）と思っている。	～（だ）と広く信じられている。
教科書に～と書いてある。	～（というの）が通説である。
～はわかりませんでした。	～は今後の課題としたい。

　日本語は複雑な言語であり、これら以外にも注意すべきことはあります。まずは今一度ご自身の表現、言い方について再考、チェックするところからスタートして、改善していってください。

088 距離を縮める問いかけテクニック

▶ よどんだ空気を変える問いかけ

　プレゼンテーションはコミュニケーションであることを説明する中で、アイコンタクトをはじめとして、プレゼンテーションにおける様々なコミュニケーションの方法を取り上げてきました。しかし、現実にはプレゼンターと聴講者の間には物理的にも心理的にも距離があるのも事実です。そこで、ここではいかにしてプレゼンターの側から距離を縮めてコミュニケーションにつなげるかという点について、どのようテクニックがあるかも含めて考えていきたいと思います。

　実際のプレゼンテーションでは、いくらプレゼンターの側からコミュニケーションを図ろうとしても、それに聴講者が応答してくれるとは限りません。何度アイコンタクトを取ろうとしても視線が合わないどころか、時には顔を背けられてしまうということもあるでしょう。また、ウトウトしてしまっている人、内職をしている人もいるかもしれません。しかし、だからと言ってそういった人たちを無視するわけにもいかないのがプレゼンテーションだということはすでに述べたとおりです。

　では、どうするか。そんなときに使えるのが、「問いかけ」です。例えば、「ご質問はありませんか」「何かご意見はありませんか」と問いかけてみることです。プレゼンターだけが情報を発信するのではなく、聴講者からの情報発信を促すための問いかけです。現実にはいくら問いかけても反応が得られないということもあるでしょう。ただ、その背景には「理解できていないから何を質問したらよいか、何が分からないのか分からない」という状況があるかもしれません。また、「つまらない」「得るものがない」と感じて、頭の中は「早く終わらないか」ということばかりかもしれません。

　いずれにしても、そういった状況はプレゼンテーションにとっては大きな問題です。プレゼンター、聴講者の双方に改善の必要があるわけですが、まずはプレゼンターの側が対処を考えなければなりません。例えば、状況に合わせて追加の補足説明を加える、ポイントを改めて説明するなどです。これ

もまた、距離を縮めるものであり、広い意味でのコミュニケーションと言えます。

　また、発言は得られなかったとしても、そう問いかけることで一旦は「何か質問や意見はないか」と聴講者自身が考えるきっかけにはなります。聴講者の中には、「自分は聞く役割、立場である」と考えている方もいます。それでは、ただ聞くだけで、「考える」という意識が生まれません。そこで、問いかけることで考えることを促すのです。「考える」だけでも、プレゼンテーションへの参加と言えます。まずは、小さな一歩でも距離を縮めることが重要なのです。

▶ 助けを求めることは恥ずかしいことではない

　さらには、プレゼンター自身が分からないこと、疑問に思っていること、悩んでいること、迷っていることなどをあえて具体的に発言して、それに対してアドバイスやコメントを求めることも有効です。こういったことを自ら発言することは「未熟さを露呈することだ」と躊躇する方もいますが、それは間違いです。もちろん、漠然とアドバイスやコメントを求めるのは NG です。しかし、何が分かっていて、何が分からないのかを理解していることは極めて重要なことです。最悪なことは、何が分からないのかが分からないことです。

　そして、裏技的なものでもありますが、いわゆる「サクラ」を用意するのも一つの方法です。セミナーや学会などでも、質疑の時間になって「質問はありませんか」と問いかけてもすぐには反応がないのですが、少し待っていると誰かが質問をされることがあります。興味深いのはここからで、そこからは堰を切ったようにそれまで黙り込んでいた他の聴講者から質問が始まります。ここには、心理として「1人目は恥ずかしい」ということはもちろん、「自分が最初に発言していいのだろうか」という迷いもあると考えられます。そこで、「サクラ」を仕込むことで口火を切るのです。

　このようなプレゼンターと聴講者の距離を縮めてコミュニケーションを促進し、プレゼンテーションの活性度を上げるテクニックを活用することにもぜひチャレンジしてください。

第 **10** 章

技術ディスカッションとしての
質疑対応

089 技術プレゼンにおける質疑の意味

▶ 質疑応答はなぜ必要か

　プレゼンテーションにおいて、質疑は必ず存在するものであり、プレゼンテーション本体と同等、時にはそれ以上に重要なものと言えます。特に、技術プレゼンテーションにおいては、質疑はより重要性の高いです。しかし現実には、多くの方が質疑の時間を「できれば避けたいもの」と感じています。それがプレゼンテーションを苦手と感じる最大の理由の一つとされることもあります。そこで、質疑のテクニックの話をする前に、まず質疑自体を正しく理解し、質疑の意味や役割について考えてみたいと思います。

　そもそも、なぜ質疑という時間が設定されているのか。それは、聴講者の理解を助け、補足する、深めるためと言えます。プレゼンターは、聴講者に分かりやすく伝えようと心がけてプレゼンテーションを行います。しかし、聴講者は様々であり、持っている情報や知識、理解レベルにも差があります。また、一度聞いただけでは「自分の理解が合っているか」という不安を感じることもあります。そんな時にこそ、質疑の時間が必要になります。理解できていないことを質問という形で問い、その回答を得ることで理解する。自分の理解を述べて、それがプレゼンターの意図と合っているかを確認することもあるでしょう。

　わざわざ質疑の時間を作る必要はなく、「後で個別に聞けばよい」と仰る方もいます。人によっては「無駄な時間」と感じることもあるでしょう。しかし、聴講者のすべてが質問や確認ができるとは限りません。経験が浅すぎて自分の間違いを恐れてしまう人もいるでしょう。また、自分が理解できていないこと、間違った理解をしていることに気づいていない人もいるでしょう。そんな時に、別の誰かがする質問で気づきを得ることができるのです。

　聴講者が理解を深めるためだけではなく、プレゼンターの間違いに気づいてそれを指摘することも質疑の時間の重要な役割です。「こんな考え方もある」「こんな知見もある」と言ったプレゼンターが気づいていない、知らないことを伝えることで、プレゼンテーションの価値が高まります。

▶ディスカッションこそ真髄

このように、質疑には様々な意味や役割がありますが、これらは単に質問とその回答という範疇を超えた「ディスカッション」であるということが大きなポイントです。質問という形をスタートとして、プレゼンターと質問者の間での意見交換が行われ、時にはほかの聴講者もそこに加わることもあります。まさしく、ディスカッションです。

これこそが技術プレゼンテーションにおいて質疑が重要な理由です。解釈や論理構築といったことは、様々な見方や考え方を突き合わせて最善のものを生み出していかなければなりません。そういった意味で、技術プレゼンテーションとは、「私はこんな考えです」ということを披露する場であり、同時に「みなさんはどう考えますか」と問いかける場でもあるわけです。だからこそ、質疑の時間が必要不可欠であり、重要なのです。

質疑とはこのように極めて重要なものですが、残念ながら質疑をバトルだと大きく勘違いされている方がいます。こういう人たちは、質疑の結末を勝ち負け（すなわち、自分の考えを押し通すこと）と考えます。その結果、場が乱れ、プレゼンテーション自体の収拾がつかなくなることもあります。意見のぶつけ合いになることはありますが、バトルではありません。それぞれの考えを述べ合って、より客観的で論理的な結論を得るプロセスです。この点は、プレゼンターはもちろん、聴講者も気をつけなければなりません。その意味で、仮に間違いを指摘する場合でも決してマウントを取ろうとするのではなく、相手をリスペクトすることも重要です。

「終わり良ければすべて良し」という言葉もあるとおり、質疑がうまくいけば評価も上がります。そして、何よりも様々な人たちの知恵を得ることができます。これもまたプレゼンテーションの大きな役割であり、価値です。特に技術プレゼンテーション、サイエンスの世界は異なる意見も含めたディスカッションで進歩します。決してバトルだとは思わず、質疑を楽しむことを忘れないでください。

090 全ては正直に

▶ イライラを生んでしまう保身

　質疑の重要性についてはすでに述べた通りですが、だからこそプレゼンターは適切に質疑の時間に対応していく必要があります。しかし、多くの方が間違った対応をして、その結果火に油を注ぐようなことになって炎上してしまっています。ここでは、そのような事態を生まないためにどうすれば良いかを考えていきます。

　質疑対応で最も大切なことの一つは、「正直に対応する」ことです。当たり前のことです。しかし、多くの方がプレゼンテーションの場ではできていないのです。よくあるパターンは、まったく質問に答えていないケースです。言い訳ばかり言っている、関係の無い話にすり替えるといったことで「国会答弁のようだ」と言えば分かりやすいかもしれません。

　例えば、イエス／ノーを問う質問であるにもかかわらず、イエスともノーとも答えずに、延々と頑張ったことを主張するなどです。このような受け答えをすると、本人にはその気がなくとも、質問者や他の聴講者には誤魔化しているようにしか感じられず、イライラさせてしまうことになります。

　なぜこのような対応をしてしまうのでしょうか。様々な理由があるでしょうが、一言で言えば自分の立場を守りたい「保身」です。そして、その根底には質疑をバトルと捉えている、「勝ち負け」という意識があります。少なくとも、プレゼンテーションの準備段階では正しいと思っていたわけですから認めたくない気持ちがあります。

　また、業務上のプレゼンテーションではなおのこと、「ミス」という烙印を押されたくない気持ちも生まれます。その結果、頭の中では自分が間違っている、あるいは間違っていそうだと思っても、その場ではそれを認められない。しかし、間違いだということは認識しているのであからさまに相手を否定もできず、苦肉の策として言い訳を並べることになります。

▶ 質疑の場を学びにつなげよう

しかし、事実はどうやっても変わりません。特に、技術プレゼンテーションが属するサイエンスは嘘をつきません。したがって、

- 分からないのであれば「分からない」と答える
- やっていないのであれば「やっていない」と答える
- 気づいていなかったのであれば「気づいていなかった」と答える

というようにまずは正直に事実を答えなければなりません。

ただ、仮に分からない、実施していないとしても、そのままでその場を終わらせたくない気持ちは十分理解できます。そして、そのままで終わらせるべきではありません。ではどうするか。それは、まず正直に質問に答え、その上でじっくりと自分の見解を述べればよいのです。しかし、多くの方は先に言い訳や自分の主観を述べてしまうので、質疑が質疑として成立しなり、その結果、プレゼンテーションそのものまで否定されてしまう事態すら生んでしまっています。

分からないことを正直に「分からない」と言えば、質問者や他の聴講者から意見やヒントといった、一種の「助け舟」とも言えるものが得られることも少なくありません。特に、技術プレゼンテーションでは、質問者の方は答えを知った上で確認の意味や、プレゼンターに気付きを与えるために発言してくれていることもあります。上手に質疑の場を学びの場とすることができれば、次のステップへのヒント、次にやるべきこと、検討すべきことのヒントを得ることもできます。質疑にうまく対応できればプレゼンテーション本体の印象もよいものとなります。

質疑で「誤魔化している」と聴講者が感じられてしまったら、プレゼンテーション全体に疑いの目が向きます。そうなれば、プレゼンテーションは失敗です。そうならないためにも、正直に、まずは質問に答えることを忘れないでください。

091

質問を理解する

▶ わからなかったら聞き返そう

090 で質問に対して正直に答えること、問われていることに答えることの重要性を述べました。しかし、そのようにしているつもりでも、実際にはできていないことがあります。本人はきちんと答えているつもりでも、質問者や他の聴講者には「質問に答えていない」場合によっては「誤魔化している」と捉えられてしまう不幸な状態です。

なぜこのような状況が生じるのか。その際たる理由の一つが、「質問が理解できていない」ことです。そして、この理解できていないという状況にも大きく二つのパターンがあります。それは、

- 文字通り質問が理解できていない
- 質問を間違って理解している

です。いずれも、求められている回答をすることはできず、前述のような状況を生みます。

したがって、質疑においてはまず質問を理解する、理解できているかをよく考える必要があります。当たり前のことと言えばそこまでですが、現実のプレゼンテーションの場では特に慣れていない時などは緊張もあって頭が真っ白になり、うまく対応できないこともあります。そして、質問者が何を言っているのかうまく聞き取れない、理解できない上に「早く答えなければ」「何か言わなければ」というプレッシャーも手伝って、思考が回らなくなり的外れなことを言ってしまう。「誤魔化そう」などという悪意が無いとしても、質問者や聴講者には関係ないことです。

では、どうすればよいか。質問が理解できないのであれば、できることは一つです。

質問者に聞く

もちろん、「あなたの言っていることはわけが分かりません」などと言ってはいけません。何も難しく考える必要はなく、正直に「うまく質問が理解できなかった」ということを伝えればよいのです。その時に、例えば「勉強

不足で」というような言葉を加えてもよいでしょう。

　ただ、実際には質問全体がまったく理解できないというようなことは滅多にないはずです。「質問に含まれる用語の意味が分からない」「質問の意味が複数に解釈できてしまうために意図、真意が理解できない」ということも多いはずです。例えば、そんな時にはこれも正直に「○○というのはどういう意味の用語になるでしょうか」などと聞けばよいだけです。このような「聞き返し」は、質問を理解するための重要なテクニックです。

▶「確認の聞き返し」で丁寧さを出す

　そして、この聞き返しもできるだけ相手に丸投げで返すことは避けましょう。相手にしてみれば、「私の言い方が悪い？」「そんなこと自分で考えろ」と感じてしまう懸念があります。そこで、

　　「今の質問はこのような意味で合っているでしょうか」

というような、「確認の聞き返し」を使うのです。合っていれば質問者は当然「そのとおりです」と言ってくれるでしょうし、自分の質問が理解されているという安心にもなります。残念ながら理解が間違っていれば、「そういう意味ではなく、…」と改めて質問を説明してくれるはずです。

　質疑とは、聞かれた側が質問を理解するところから始まります。そこからディスカッションとしてコミュニケーションが生まれていきます。そうやって、互いの理解と考えを確認し合いながら真理を探求していくことが質疑の役割であり意義です。答えられないことや聞き返すことを恥ずかしいなどと感じるようなことが決してないようにしてください。「質疑を楽しむ」という気持ちが大切です。

092

質疑対策のポイント

▶ 想定質問を考えよう

　質疑の役割や意義、いくつかのテクニックについて説明しましたが、それでもプレゼンテーション本体に比べて質疑対応が難しいと感じてしまう方もいるでしょう。なぜ質疑対応が難しく、苦手意識が残ってしまうのでしょうか。それは、「プレゼンテーション本体は事前に十分に時間をかけた準備で完成させたものを披露するのに対して、質疑対応はその場でのリアルタイムの対応が求められるから」というのが大きな理由として挙げられます。そこで、このことも踏まえて質疑対策について考えてみたいと思います。

　質疑においてその場での臨機応変な対応が求められる理由は、どのような質問がされるかはその時にならないと分からないからです。国会答弁のように事前通告などと言って、本番前に「こんなことを質問します」と知らされれば準備することもできます。しかし、通常のプレゼンテーションはそんなことはありません。これは当然のことで、通常のプレゼンテーションは聴講者もその場で初めて聞くことになり、事前に質問を知らせることは不可能です。

　そのような中でも、できることはあります。まずは「想定質問」を考えることです。プレゼンターは、自分が実施した内容、自分が考えたことをプレゼンテーションとして発表するわけですから当然すべてを理解しています。しかし、聴講者はプレゼンテーションの場で初めて聞くわけですから、同じように理解することは難しいと言えます。プレゼンター自身も実験等を行う中、結果を解釈する中、そして、プレゼンテーションを構成する中で頭を悩ませたことや、考えることに時間を要したことがあったはずです。プレゼンター自身がつまずいたところ、苦労したところは聴講者も理解が容易ではないと想像できます。そのため、そこに聴講者の疑問が生じます。このように、質疑で提起される質問のいくつかは想定質問としてある程度予想することができます。したがって、このような想定質問に対して、あらかじめ回答や補足・追加説明を整理し、場合によっては説明用の予備スライドを準備

しておけば質疑対応で慌てる必要はなくなります。「おっ、予想通りきたな」と余裕を持って対応できます。

また、このようなプレゼンター自身が苦労した部分だけでなく、聴講者がプレゼンテーションの内容について初心者に近い場合には、周知のことであっても疑問を感じることもあるでしょう。そういったケースの質問には比較的容易に対応できることが多いと言えますが、こちらもより親切には補足説明用のスライド等を準備しておくと良いでしょう。

▶ 周辺的な話題もフォローしよう

そして、質疑は何も、プレゼンテーションの内容そのもの、技術的なものだけとは限りません。背景やこれまでの状況、社会情勢、さらには、事業的視点、経営的視点での質問をされることもあります。このタイプの質問は、何も準備していないと多くの場合に回答に窮します。「想定質問」というとついついプレゼンテーションで話した内容、技術的なところに意識が向きがちですが、こういった部分についても、想像を巡らせて準備をしておけるとよいでしょう。

また、想定質問も含めて質疑対応の準備にあたっては、プレゼンターだけでは限界があります。そこで活用できるのが、事前練習です。事前練習では、一般的には話す内容やスライド、話し方などをチェックしていきます。しかし、それだけで終わらせずにぜひ模擬質問をお願いしてください。大抵の場合、練習に付き合ってくれる人は同じチームなので本番で質問をすることはありません。それもあって、練習では質問という観点は意識していないことが多いと言えます。そこで、他の聴講者を想像して「模擬質問」や、どんな質問が出そうかのアドバイス頂くことをお願いしてください。

質疑対応は確かに難しいものではありますが、手に負えないようなものではありません。恐れずに、質疑というコミュニケーションを楽しんでください。

第Ⅱ部　ケース編

第11章

ケーススタディ①
ストーリー構成

093

ケース1

技術報告

▶「内輪の場」のチームミーティング

　技術者、技術部門の方が最も頻繁に行うであろうプレゼンテーションが「技術報告」ですが、「技術報告」と一口に言っても1種類ではありません。週ベースで行われるチームミーティングでの報告もあれば、四半期や半期単位で行われる全体報告のようなものまで、その頻度も規模も様々です。そして、当然のことならそれぞれに合わせたストーリー構成が求められます。

　チームミーティングについては、プレゼンターと参加者は普段一緒に仕事をしており、ミーティングの場以外でも日常的に情報交換をしています。したがって、基本的には背景等の説明はほぼ必要なく、「結果」と「考察」がほとんどということになります。

　例えば、図11-1のようなものが基本です。前回までの簡単なリマインドを行ってメンバーの記憶を呼び戻した後に、今回行ったこと、その結果と考察、それらを踏まえた次の予定と流れです。そして、その中で行ったことや結果、考察の妥当性はもちろん、アドバイス、情報提供なども含めてメンバーとディスカッションをして、次の予定についてコンセンサスを取るという流れです。このタイプのポイントの一つは、言うなれば「内輪の場」ですから、上手くいかなかったこと、悩んでいること、分からないことなどを隠すことなく伝えて、知恵を出してもらうことを心がけることです。

図 11-1 ▶ チームミーティング

▶「公式の場」の全体報告

　一方で、全体報告は言うなれば「公式の場」です。そして、聴講者は普段から情報共有をしている人たちだけでなく、前回その報告内容に関する話を聞いたのは期初という方もいます。したがって、チームミーティングのように結果と考察が大半というわけにはいきません。そこで重要となるのがイントロダクションでの背景等の説明です。そして、もう一つ重要なものが「成果」です。ポイントは結果ではなく成果だということです。全体報告ではトップマネジメントに近い方たちが参加することも多く、彼らの興味は結果もさることながら、それによって得られる成果（すなわち、リターン・会社への貢献内容）です。

　これらを踏まえると、全体報告のストーリー構成の例を挙げると、図11-2のようになります。

図 11-2 ▶ 全体報告会

　このように、技術報告のストーリー構成は言うまでもなく技術に関する内容としての実施内容、結果、考察、結論がメインとはなりますが、「場」に合わせてイントロダクション等を厚くするなどの対応が必要となります。

094 ケース2
問題解決報告

▶ 気が重い問題解決報告

　技術者や技術部門が関わるものは、なにも R&D（技術報告）だけではありません。技術に関わるトラブル、問題解決に対応することもしばしばです。したがって、問題解決会議等でのプレゼンテーションも求められることになります。問題解決報告は技術報告とは大きく異なります。そして、多くの場合プレゼンターにとっては気が重いものでもあります。

　基本となるストーリー構成は図11-3のようになります。まずは、何が起きているのかという状況を共有する必要があります。その上で、状況をさらに深掘りして詳細に見ることで、問題の本質を浮き彫りにしていくプロセスを説明します。そして、それを踏まえた問題定義、対策案を示します。問題定義は極めて重要で、同じ状況であっても立場によってその捉え方はことなることから、「今回はこれを問題として捉え、解決を検討します」という方向性を明確にします。その上で、ではどうするのかという問題解決方法の提案となります。そして、最後に実施結果と結論を説明することになります。

図11-3 ▶ 問題解決報告概要

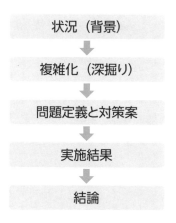

状況（背景）
↓
複雑化（深掘り）
↓
問題定義と対策案
↓
実施結果
↓
結論

▶正論だけでは…

　一方で、先の基本構成の中身をより詳細にしたものが図11-4のようになります。まず「何が起きているのか」という状況説明を行います。そして、それを踏まえて解決すべき対象となる問題が何かを定義します。問題定義の次は、実際には原因仮説を考えることになります。この段階では原因は不明ですから、このような原因で生じた問題であるという原因仮説を立てる必要があり、この仮説構築のロジックについて説明する必要があります。その上で、その仮説を検証することになるので、この検証プロセスと結果である特定された原因について説明します。ここでようやく対策を考えられ、それを示すことになります。そして、実施結果とそれを踏まえた対策の実効性についての検証結果を説明します。最後に結論として、対策の採否や水平展開などについて述べることになります。

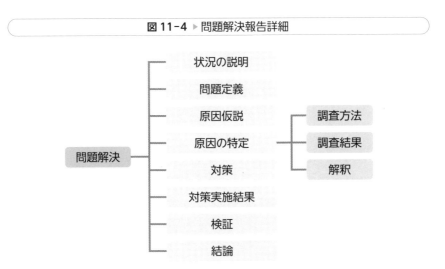

図 11-4 ▶ 問題解決報告詳細

　問題解決会議は多くの人が関わり、それぞれの立場で考え方も異なります。被害を被っている人たちは何としても対策をと考えます。しかし、対策実施に関わる人達は手間が増えるなどの問題を抱えることもしばしばです。技術の世界ではあるものの、現実には必ずしも正論だけ、論理だけではうまくいかないプレゼンテーションであることも忘れないでください。

提案（新規事業等）

▶ プレゼンテーションは「報告」だけではない

　ここまでは、主に報告タイプのプレゼンテーションのケーススタディをしてきましたが、プレゼンテーションは報告だけではありません。何らかの提案を行うこともしばしばです。そこで、ここでは技術部門の方が必ず行うであろう、新規テーマや新規事業の提案、いわゆる「起案」を例として考えてみたいと思います。

　提案型プレゼンテーションの基本ストーリー構成の代表例は図11-5のようになりますが、まず「課題提示」が行われます。提案とはそもそも新しいことをスタートする、現状を変更するといった場合に行うものです。これは、言い換えれば、提案とは新しいことをスタートしなければならない、現状を変更しなければならない、するべきであるという背景のもとに行われるものということです。

　「結論から」というストーリー構成もあるのですが、提案の場合にはいきなり新規事業と言われても理解が難しいものとなります。なぜなら、新規事業や新規テーマというのは非常に範囲が広く、不確定なものであることから、一定の条件のもとに検討するものだからです。そして、チャレンジでもあることからリスクを伴うものであり、そういった意味でも危機感の共有も必要となります。したがって、まず現状における課題を説明しなければなりません。これが、イントロダクションになります。具体的には、現状や背景、このままではどうなるかという将来のリスクといったものを説明していきます。

　そして、次にゴールを提示します。ここで言う「ゴール」とは、目指すもの、状態です。提案とは最終的に承認を求めるものです。もちろん、この承認の対象には「何をする」ということが中心にあるわけですが、承認者の第一の興味はリターンです。「この提案を承認することによって何が得られるのか」ということです。具体的には、前述の「目指すもの」である目標ということですが、例えば、期待される売上や、シェアトップなど業界、市場におけるポジションなどがあります。

▶承認を得られるかどうか

　そして、具体的な提案内容、すなわち、実施内容を説明していきます。ここでも、承認者の興味が重要なポイントになります。まず、必要なリソースを明確にすることです。どれほどの予算、人員、時間を必要とするのか、すなわち、投資内容を説明します。ここで、承認者は先のリターンを踏まえて１回目の天秤にかけることになります。また、実施内容のメインである実施計画を説明する必要もあります。ここでは、時間軸に関することだけでなく、実施内容や流れも審査されることになります。もちろん、技術面も吟味されます。また、新規事業や新規テーマはチャレンジでもあり必ずリスクを伴います。そこで、リスクに関する情報も提供しなければなりません。最終的にはこれらを総合的に判断して決裁されることになります。

図 11-5 ▶ 提案型

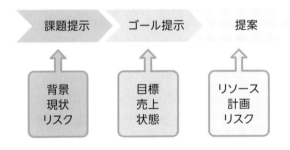

　このように、提案型プレゼンテーションの場合には、最終的に承認が存在しており、どうすれば承認者に「イエス」と言ってもらえるか、言いたくなるかということを考えなければなりません。

096

ケース4
学会発表

▶ ストーリーの型がほぼ決まっている

　技術者が行うプレゼンテーションは、なにも社内だけではありません。社外でもプレゼンテーションの場は数多くあります。ここでは、そのような社外プレゼンテーションの代表例である学会発表のストーリー構成について考えてみたいと思います。

　学会発表の基本ストーリー構成は、図11-6のようなものになります。社内プレゼンテーションの場合には、状況がさまざまであることからストーリー構成のバリエーションも生まれるのですが、学会発表についてはほぼすべてがこの基本ストーリー構成で行われます。

図 11-6 ▶ 学会発表

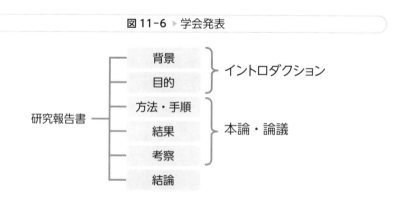

　この構成を見て違和感を持たれる方はいないと思います。技術者自身が学生の頃から慣れ親しんだストーリー構成です。そして、この基本構成は学会発表というプレゼンテーションだけでなく、技術者にとってもう一つの重要な発表の場と共通しています。それは、学術論文です。学術論文も基本的にはこのストーリー構成となっています。だからこそ、全ての技術者が最も慣れ親しんだ、当たり前とさえ思っているものと言えます。

▶ 質疑の時間、ロビーディスカッションが肝！

　では、順を追って見ていきましょう。まず、イントロダクションとして、背景や目的を述べます。ここでポイントとなるのは、背景です。学会発表で示される学術研究とは、通常それ単独のものではなく、多くの先行研究を踏まえた上で実施されます。したがって、先行研究としてどのようなものがあり、何が明らかになっており、何が未知、課題として残っているかを示す必要があります。その上で、それらと発表内容との相違点（すなわち優位性や進歩性）を明示しなければなりません。これが無ければ、単なる二番煎じということになります。その上で、本研究が目指すこと・目的を明示するとともに、有効性を論じることになります。そして、いよいよ本論・論議として、実施内容と結果および考察を述べ、最後に結論となります。また、学会発表では特に発表後の質疑の時間や、それも終わった後のロビーディスカッションも重要なものとなることは忘れないでください。

　社内プレゼンテーションはバリエーションがあると述べた通り、ある程度の自由度をもって構成することも可能です。しかし、学会発表に関してはよほどの理由がない限りはこの基本ストーリー構成を変更することは避けるのが賢明です。

　前述のとおり、技術者のほぼすべてがこのストーリー構成に慣れ親しんでいます。これは、言い方を変えればほとんどの技術者は「学会発表はこの流れで進むもの」と思っています。にもかかわらず、さしたる理由もなく気分で流れを変えられてしまうと肩透かしを食らうように混乱することになります。すなわち、分かりにくいプレゼンテーションになってしまうということです。逆に言えば、このストーリー構成であればすんなりと聞いてもらえるということになります。

097

ケース5
客先説明

▶ やはり大事なイントロダクション

社外プレゼンテーションは、学会発表だけでなく、自社製品等についてユーザー（客先）を対象として行うこともしばしばです。

相手先を訪問して行ったり、訪問を受けて行ったりすることもあれば、展示会等で行うこともあります。そこで、このようなケースでのプレゼンテーションについて考えてみたいと思います。

ここでは、客先に自社製品等を売り込む、すなわち、提案する状況を例とします。

この場合の典型的なストーリー構成は図11-7のようなものになります。まず、そのような場を持った主旨を説明します。この中で、説明内容の概要も述べておくと、相手は聞く準備ができます。これが全体のイントロダクションにあたるわけですが、言うまでもなく極めて重要です。

図 11-7 ▶ 客先説明

　ここで興味を持ってもらえなければ、「手短にお願いします」「あっ、それだったらまた今度」などと言われて、せっかく準備してきたプレゼンテーションをしまい込むことにもなりかねません。相手の興味をひくためにも、間違っても、「売りたい」「買ってほしい」という思いが先行するようなことがないようにしなければなりません。

▶ 相手の求めるものは？

　次に、相手が抱えていると考えられる課題を提示します。相手は、その課題を認識していることもあれば、認識していないこともあります。そこで、こちらからそれを提示することで認識を合わせます。

　そして、これにはもう一つ大きな効果があります。それは、相手が言う前にこちらから課題を示すことで、「相手の状況をきちんと理解している」「同じ側の人間である」という印象を与えることができるという大きな効果があります。もちろん、間違っていた場合にはここで終了になりますから、十分な下調べと準備が必要です。

　そして、具体的な提案内容を説明するとともに、導入・採用することによるメリットを示します。

　もちろん、ここでは先に示した課題と関連づける必要があることは言うまでもありません。ここでも、しっかりと相手の求めるリターンを示すことができれば導入・採用に向けた大きなドライビングフォースとなります。もちろん、課題と同様にズレていれば失敗へと一直線です。

　ここまでの課題やメリットがうまくマッチしていても、残念ながら「即決裁」にはなりません。次に相手が気になるのは、導入に際しての負担です。これは、コストはもちろんのこと、手間も含めた労力もポイントとなります。いくらよいものだと理解していても、ない袖は振れず、実担当者としては「面倒事は避けたい」ということもあります。

　だからと言って、「負担は少ない」などと事実を曲げて説明するのはもってのほかで、仮に今回は上手く誤魔化せた（騙せた）としても、次回以降は無くなることは明白です。しっかりと真実を伝え、その上で、それを上回るメリット、次の導入フローで労力の軽減を提案します。

技術者の中には、コストや手間について考えることが苦手な人も少なくありません。とりわけ、コスト面の話は営業担当者が何とかして欲しいと（口には出さないまでも）思っている方も多いのではないでしょうか。しかし、どんなによい技術であっても、採算の見通しが立たなければ実現できません。社内の関係者とも相談をしながら、費用面についても精査しておくようにしましょう。

　最後に、具体的な話として、実際に導入採用するとなった場合のフローを示します。これで、より明確に導入、採用までのプロセスをイメージさせて決断へと導くのです。

▶諦めずに挑戦し続けよう

　現実は、一度のプレゼンテーションでは首を縦に振ってもらえないことも多いでしょう。しかし、それで諦めずにプレゼンテーションを改善してチャレンジしていくことも必要です。そのようにして、客先が求めるものに近づいていくことができれば、決裁をいただけることはもちろん、相手の理解も深まり強い関係性も構築できます。

第 12 章

ケーススタディ②
質疑

098 ケース1
答えられない質問

▶ 質疑の悩み、一番は「答えられない」こと！

質疑の重要性やポイントについてはすでに述べたとおりですが、ここでは実際の質疑で皆さんが対応に困るであろう質問についてケーススタディをしてみたいと思います。質疑で困る状況は様々ありますが、最も多いのは「答えられない」という状況でしょう。答えられない状況は想像するだけで緊張や不安を生んでしまう厄介なものです。

さて、「答えられない質問」というわけですが、実際にはそう単純ではありません。実は、答えられないという状況にもいくつかケースがあります。代表的なものを整理すると図12-1のようになります。

図12-1 ▶ 答えられない質問とは

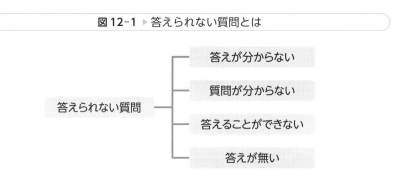

▶ なぜ答えられないのか

最もシンプルなケースは、「答えが分からない」という状況です。答えたい、答えないといけないことは分かっていても、答えそのものが分からないために答えられないケースです。答えが分からない理由は様々で、質問の答えを得るための実験を行っていなかったり、調べていないなどで情報を持っていないなどです。この状況においては、すでに述べたとおりまずは「分からない」ということを回答し、その中で、やっていない、調べていないなどの答えられない理由を述べなければなりません。その上で、不確定ではあっても何らかの推論や想像ができるのであれば、そのこと（「推

論ではありますが」等）を述べた上で発言するとよいでしょう。

　これとよく似たパターンですが、質問が理解できないために何をどう答えてよいか分からず、答えられないというケースもあります。その原因は、質問の理解力の問題もあれば、質問自体に問題があることも考えられます。あまりにも漠然とした質問で意図が理解できないなどがその原因の例として挙げられます。基本的には、質問を聞き返すことになります。ただし、この場合気をつけないといけないのは、「相手の立場を貶めないこと」です。その意図は別として、質問してくださっているのですから感謝と真摯な気持ちで対応しなければなりません。したがって、単順に「質問が理解できません」と言うのではなく、「今のご質問は○○○というような意味でよいでしょうか」というように確認という形で問い直すとよいでしょう。

　そして、もう一つ頭を悩ませるのが、「答えは分かっていても答えられない」質問です。例えば、秘密情報等でその場では話すことができないような場合です。学会発表などで、共同研究先や試料提供者の意向で公表できない情報などが例として挙げられます。これはこれでどうしようもないと言えます。ただ、質問者はそのような状況は知らないのでこのような状況を生んでしまっています。これも、原則に則って「諸事情により今この場ではお答えすることができません」というように説明するしかありません。

　これらとはまったく違った理由で答えられない質問もあります。それは、そもそも「答えがない質問」です。悪魔の質問のように原理的に明確な答えを得られないタイプの質問や、現時点の世の中の知見では答えが分からないタイプの質問です。質問者に悪意はなくとも厄介な質問です。このような場合には、現状では答えを得ることができないことを説明した上で、可能であれば「推論ではあるがこのように考えることもできる」というようなことを回答するとよいのではないでしょうか。

ケース2

意地悪な質問

▶ 意地悪な質問あるある

　ここまでは、性善説に則ってどのような質問であろうと「質問者に悪意はない」という前提で述べてきました。しかし、現実には残念ながら悪意を持った質問がされることがあります。例えば、前述の諸事情で答えられないことを分かっていて質問をしたり、揚げ足を取るような、重箱の隅をつくような質問をするなどもあります。社内であればいわゆる派閥の対立の中でされたり、学会発表などでライバル関係にある大学の研究室の先生がしたりします。

　私も何度か目にしていますが、学会発表などで学生さんの発表にライバル関係の研究室の先生が意地悪な質問をして、学生さんが演台でうつむいて今にも逃げだしそうになっているような状況です。そうなると、司会者の方が助け舟を出してくれることもあるのですが、発表者の学生さんを指導する先生が割って入るというような場面が意外とあります。そして、当の本人である学生さんそっちのけで、先生同士で議論し合ってしまうこともあります。さらに、今度は意地悪な質問をした先生の学生さんが発表したときにやり返すなどというケースもあります。見ている方も嫌な気持ちになり、司会者の方は大変です。

　実は、周りで聞いている人達の多くはこのような状況を「今それを聞かなくてもいいのに」「またやってるよ」ということを理解しています。そのため、よく観察すると冷ややかな目で質問した人を見ていたりします。ですから、自分だけが孤立しているなどと考える必要はありません。答えられないもの、分からないものは「分からない」と表明して、可能な見解を述べればよいだけです。学会であれば司会者の方や他の研究者が助け舟を出してくれることもあります。社内であれば、上司や先輩などが助け舟を出してくれることもあるでしょう。

▶ 何事も糧にしよう

　さて、意地悪な質問をテーマとしていますが、意地悪をしようという意思はないけれど結果的に発表者を窮地に追い込んでしまう質問もあります。例えば、「否定的な発言」です。質疑はディスカッションの場ですから、時には発表内容に対して否定的な意見が出ても何もおかしくはありません。これぞ、ディスカッションの醍醐味とも言えるでしょう。

　このような場合、ついつい自分の人間性まで否定されたように感じて感情的になって、否定に否定で返す応酬戦になってしまうことがあります。しかし、これは絶対にしてはいけないことです。感情論から得られるものは何もなく、サイエンスの世界とは真逆です。絶対にいきなり否定に否定を返し、感情を出すのではなく、まずはその意見を「そういう考え方もある」と受け入れてください。その上で、自分の考えとなぜ異なる見解になるのか相違点整理していってください。多くの場合、前提条件など立っている土俵がそもそも違っていることも多いものです。その上で、どこが両者で異なるのかということ明確にしながらケース分けをして、「今回はこのような前提、考え方でした」と説明するとよいでしょう。

　そして、否定的意見も含めて、自分とは異なる意見が出てきたときはむしろ喜びましょう。これこそ、プレゼンテーション、質疑の価値です。「自分が気づいていなかった、考えが及んでいなかったことを教えてもらえた」ということです。仮にそれが否定的な表現であったとしても、プレゼンテーションは意見交換の場でもあるのですから感謝すべきことです。その上で、そのような意見、考え方も踏まえて、新たな実験、解釈を検討して進めればよいのです。

　「意地悪」と捉えれば、そこで終わりです。「何事も糧にする」という気持ちも大切です。

100 間違った質問

▶「質問していただいた」という気持ちを大切に

　ここまで質疑のケーススタディとして、答えられない質問、嫌な質問について考えてきました。その中の答えのない質問と関係するのですが、「質問自体が間違っている」「質問者が間違っている」というケースがあります。プレゼンテーションの受け取り方、理解が間違っていることもあれば、その方の持っている知見や考え方が間違っていることもあります。いずれにしても、慎重に対処しなければなりません。

　まず、最もやっていけないことは、鬼の首でも取ったように、いわゆる「マウント」を取ることです。すなわち、ここぞとばかりに攻撃的に質問や質問者を否定してしまうことです。ひょっとしたら質問者にプレゼンターを貶めようという悪意があったかもしれませんが、全く逆に、初心者や経験が浅くて若い方が勇気を振り絞って質問されたかもしれません。にもかかわらず、無慈悲に対応されたらどうでしょうか。その人は、トラウマになって2度とそういった場で発言できなくなってしまうかもしれません。繰り返しになりますが「質問していただいた」という感謝の気持ちをまず持たなければなりません。

　実は、プレゼンテーションの説明が悪いために分かりにくく、うまく理解できなかった、間違った理解をしてしまったのかもしれません。であれば、それはプレゼンターの責任です。それを棚に上げて、マウントを取りに行くなど、これほど恥ずかしいことはありません。プレゼンターにはプレゼンテーションを理解させる責任があることを忘れてはいけません。

　まずは、相手の立場を鑑みて対応することを心がけてください。仮に相手が勘違いしている、間違った理解をしているとしても、相手の考えが成立する状況があるはずです。それが無ければそのような発言は出てきません。ただ、残念ながらそのプレゼンテーションは相手が考えたものとは違う状況だということです。したがって、相手がそのように考えたであろう状況を想像して、

「なるほど○○の場合にはそのようになりますね」
という補足を入れた上で、
「今回の発表内容はそれとは異なる△△という前提で論じています」
というように、双方を両立させた上で、プレゼンテーションを肯定するような説明をするとよいでしょう。そうすれば、相手の立場を壊すこともなく、かつ、プレゼンテーション自体も成立させることができます。

▶ ロビーディスカッションへの誘導も

　ただ、どう考えて相手が間違っているというケースもあります。そんな場合には、まずプレゼンテーション自体の正当性を説明します。この時のポイントは相手の意見についてはできるだけ触れることなく、定説や定理、先行研究などのエビデンスだけを示して正当性を論じていきます。その上で、
「ただ今いただいたご意見については、（非常に興味深く）もう少し時間をかけてディスカッションさせていただければと思います」
などと言って、その場での議論を止めてロビーディスカッションに誘導するというのも有効な方法です。そうすれば、その場での相手の立場を壊すことなく、かつ、プレゼンテーションも成立し、また、ゆっくりとディスカッションする機会も得られます。

おわりに

　いわゆる理系を志して大学に進学してから今に至るまで、どれほどのプレゼンテーションを行い、見て、指導してきたか分かりません。昔話になりますが、大学に入学した頃は、プレゼンテーションと言えば、透明なフィルムに手書きや PC で紙に印刷したもの等をコピーしてスライドを作成して、それを投影していました。文字や数字を後から加えたい時はレタリングを使い、色は専用のペンで塗るという感じです。学会発表でも手書きというケースも少なくありませんでした。したがって、それほど凝ったことはできず、複数枚のフィルムをテープであらかじめ固定しておいてそれを重ねなど、今にして思えば涙ぐましい努力をしていました。もちろん、ミスタイプなどあれば、一からやり直しです。その後、カラー転写式のプリンターが導入されて幾分か作りやすく、修正しやすくなりました。しかし、専用透明フィルムもプリンターの転写インクも安くなく、失敗しては先生や先輩から叱られたものです。

　しかし、ある時からいわゆるプレゼンテーションソフトが使われるようになり、格段に準備が楽になりました。そして、アニメーションに代表される凝った演出も行われるようになりました。その結果、それはそれで華やかになって、見やすいこともありました。しかし、いつの頃からか「分かりやすさ」や「見やすさ」ではなく「見栄え」に関心が移ってしまい、中身が伴わない、逆にごちゃごちゃして分かりにくくなるという本末転倒な状況が生まれ始めました。

　実は、本書の内容はもう何年も前から行っているプレゼンテーションのセミナーを再構成して執筆したものです。下世話な話ですが、セミナー開催もコストがかかりますから、内容にご満足いただけず集客が悪ければ継続することは困難です。しかし、幸いなことに受講者のみなさんには大変好評で（ご興味があれば HP（https://analysis.ikaduchi.com）のセミナー申込ページにアンケートコメントも掲載しているのでご覧ください）、同じ企業様から何度もご参加いただいたり、あるテーマのセミナーを受講した受講者の方が他のテーマのセミナーにもご参加くださるなどしています。もちろん、ご要望や社会の変化等に合わせて若干の修正や改定を加えてはいますが、基本的に

はこれだけの長い期間、それも年に何回も実施しながら継続して実施できています（ちなみに、セミナーは、プレゼンテーションだけでなく様々な内容・テーマでコンサルティングの合間を縫いつつ年間を通じて開催しています）。

このように、多くの方に受講いただいているプレゼンテーションセミナーですが、せっかくなのでより多くの方の役に立てばということで本にまとめたいと考えていました。そんな時に、日本能率協会マネジメントセンターとご縁ができ、今回の執筆に至りました。

プレゼンテーションは特にですが、学んだことは実践して初めて身につきます。セミナーや研修であれば実践演習としてプレゼンテーションを行っていただき、コメントやアドバイスをできるのですが、残念ながら書籍ではできません。ぜひ、本書で学んだことを実践に活かしてください。また、機会あればセミナーやコンサルティングなどご相談ください。マンツーマン指導も含めて学びの機会を準備しています。

最後になりましたが、出版にあたってご尽力いただいた編集担当の日本能率協会マネジメントセンターの東寿浩さんに心からお礼申し上げます。また、出版のきっかけをいただいた日本能率協会の田中真紀子さんに感謝申し上げます。そして、私に数多くのプレゼンテーションの機会を与えていただいた大学時代の恩師である故・野村春治先生、柴山充弘先生、高萩隆行先生、様々なご指導をいただいたサラリーマン時代の上司や先輩方に感謝申し上げます。そして、自由に気持ちよく仕事ができる環境を整え、何事も応援してくれる家族に感謝いたします。

本書が読者の皆さんのお役に立つことを切に願うとともに、これをご縁にどこかでお会いできることを楽しみにしております。

2023 年 5 月

ジャパン・リサーチ・ラボ代表　博士（工学）奥村治樹

【著者紹介】

奥村治樹（おくむら・はるき）
ジャパン・リサーチ・ラボ代表
京都工芸繊維大学大学院修士課程修了後、東レ、松下電工、岩谷産業、マイクロ波化学等にて、研究開発とマネジメント、人材育成に従事。実務担当者から企画・研究開発部長等を歴任。大阪大学招聘研究員。広島大学大学院博士課程修了、博士（工学）。
現在は、ジャパン・リサーチ・ラボ代表、大阪産業大学非常勤講師、群馬大学非常勤講師、接着学会ワーキンググループ学術委員、京都産業21相談員、滋賀産業支援プラザ相談員等を兼任。
ベンチャーから大手まで、様々な規模の企業での豊富な実務経験を活かし、経営コンサルティング、技術コンサルティング、人材育成等を行っている。マネジメント系、スキル系などの実務系や、大学、学会等のアカデミズム系で、様々な講演やセミナーに登壇。学術論文、各種専門誌、専門技術書の執筆を行っている。
URL https://analysis.ikaduchi.com/

技術者のための伝わる！プレゼンテーション実践術
ロジック・主張を成果につなげる100のポイント

2023年7月30日　初版第1刷発行

著　者——奥村治樹
　　　　　Ⓒ2023 Haruki Okumura
発行者——張 士洛
発行所——日本能率協会マネジメントセンター
〒103-6009 東京都中央区日本橋2-7-1　東京日本橋タワー
TEL 03(6362)4339（編集）／03(6362)4558（販売）
FAX 03(3272)8127（販売・編集）
https://www.jmam.co.jp/

装　　丁——冨澤 崇（EBranch）
本文DTP——株式会社森の印刷屋
印刷・製本——三松堂株式会社

ISBN978-4-8005-9126-5 C3034
落丁・乱丁はおとりかえします。
PRINTED IN JAPAN

人前で あがらずに話せる 100の法則

新田祥子 著

本書では、あがり症克服講座を主催する著者が、4000人もの人の悩みを解消に導いた方法を紹介します。100項目にわたって具体的で実践的な解説を行っていきます。

四六判 208 ページ

[主な目次]
第1章　あがり症の理解が克服へのスタート／第2章　ドキドキや震えを抑えるセルフマネジメント／第3章　あがらないで話すコツ＆習慣／第4章　あがらない話し方をするためのトレーニング／第5章　話し方が上手になる日常の会話術

日本能率協会マネジメントセンター

人生が大きく変わる話し方 100の法則

酒井とし夫 著

強度のあがり症だった著者が、自ら話し方テクニックを開発し、これによって今では600人の聴衆を前に堂々と講演するまでに。このノウハウをすぐに使えるよう、100項目に分割して公開します。

四六判 224 ページ

[主な目次]
第1章　聞き取りやすい話し方の準備／第2章　出世力が上がる話し方／第3章　雑談力・会話力が上がる話し方／第4章　印象度がアップする話し方／第5章　緊張を克服する話し方

日本能率協会マネジメントセンター